村振兴背景下
村基层治理研究

郭亚丽 著

哈尔滨出版社
HARBIN PUBLISHING HOUSE

图书在版编目(CIP)数据

乡村振兴背景下农村基层治理研究 / 郭亚丽著. --哈尔滨：哈尔滨出版社，2025.1

ISBN 978-7-5484-7912-3

Ⅰ. ①乡… Ⅱ. ①郭… Ⅲ. ①农村-社会管理-研究-中国 Ⅳ. ①C912.82

中国国家版本馆 CIP 数据核字(2024)第 102706 号

书　　名： **乡村振兴背景下农村基层治理研究**
XIANGCUN ZHENXING BEIJINGXIA NONGCUN JICENG ZHILI YANJIU

作　　者： 郭亚丽　著
责任编辑： 李金秋

出版发行： 哈尔滨出版社(Harbin Publishing House)
社　　址： 哈尔滨市香坊区泰山路 82-9 号　**邮编：** 150090
经　　销： 全国新华书店
印　　刷： 北京虎彩文化传播有限公司
网　　址： www.hrbcbs.com
E - mail： hrbcbs@yeah.net
编辑版权热线： (0451)87900271　87900272
销售热线： (0451)87900202　87900203

开　　本： 880mm×1230mm　1/32　**印张：** 4.75　**字数：** 111 千字
版　　次： 2025 年 1 月第 1 版
印　　次： 2025 年 1 月第 1 次印刷
书　　号： ISBN 978-7-5484-7912-3
定　　价： 48.00 元

服务热线： (0451)87900279

前　　言

随着乡村振兴战略的深入实施，农村基层治理成为推动农村发展的重要环节。农村基层治理是指以乡镇、村为基本单元，通过政府、社会组织、村民等多元主体的协同合作，实现乡村经济、文化、社会和生态的全面发展。本书旨在研究乡村振兴背景下农村基层治理的现状、问题及对策，为推动农村基层治理体系和治理能力现代化提供理论支持和实践指导。乡村振兴战略是我国政府为解决“三农”问题、推动城乡一体化发展而提出的重要战略。乡村振兴农村基层治理体系的支撑和保障，而农村基层治理体系也适应乡村振兴的需求，不断进行改革和创新。因此，研究乡村振兴与农村基层治理的关系，对于推动农村基层治理体系和治理能力现代化具有重要意义。

农村基层治理的实质就是实现农村社会纠纷的消解，其核心是克服农村利益失衡，以达到保障农民权益、构建和谐农村的治理目标。农村基层治理的对象是农村公共事务，其可分为农村公共物品、公共资源、公共服务三类事务。同时，在治理农村公共事务的过程中，必然会出现各种不同的纠纷，以纠纷内容的不同为标准，可将农村公共事务治理中出现的纠纷细分为公共物品、公共资源、公共服务三类纠纷。当前，农村基层治理既有成功经验，也存在政府权力失范、农村权力贫困与政社沟通缺乏等问题。在推进依法治国的当下，农村基层治理更应体现法治思维和法治方式。首先，基层是全面建设法治国家的根基，实现农村基层治理法治化是大势所趋。就当前我国社会发展的现状来看，社会纠纷更加集中地体现在基层。农村基层治理法治化直接关系着法治国家的建设以及国家的长治久安。其次，由于农村经济利益多元化与阶层结构多样化格局的形成，传统的“熟人社会”逐渐被“陌生人社会”代替，这进一步瓦解传统社会的人治基础，倒逼农村社会推进依法治理。再次，随着农村市场经济的壮大，悄然改变着“乡土中国”，这就必然使得基层司法转而追求普适化的法治。最后，在农村市场化程度提高的同时，纠纷也随之增多，农村基层治理法治化内含着保障公民权益及程序正义等价值的法治方式，为实现农村善治提供了可靠选择。农村基层治理的法治化，既要体现出其区域性、长期性、基础性，也要契合法律至上、良法之治、保障人权、司法公正、依法行政等应然目标。

本书一共分为5个章节，主要以乡村振兴背景下的农村基层治理为研究基点，通过本书的介绍让读者对农村基层治理有更加清晰的了解，进一步摸清农村基层的发展脉络。在这样的一个背景下，农村基层治理的理论研究仍然有许多空白填补，运用现代的先进理论、观念和科学方法，在已有的基础上进一步深入地开展研究工作，以适应不断发展的新形势。

目　　录

第一章　乡村治理概述

第一节　乡村治理概念

一、乡村治理的内涵与目标

（一）乡村治理的内涵

乡村治理，作为国家治理体系的重要组成部分，是指在党的领导下，以农民为主体，多元主体共同参与，运用法治、德治、自治等手段，对乡村社会公共事务进行有效管理和服务的过程。这一过程旨在促进乡村经济社会全面发展，保障农民权益，维护农村社会稳定和谐，实现乡村振兴战略目标。其中，农民是乡村的主人，是乡村治理的主要参与者和受益者。尊重农民主体地位，保障农民合法权益，激发农民参与乡村治理的积极性和创造性，通过村民会议、村民代表会议等形式，让农民真正参与到乡村规划、决策、监督等各个环节中，形成共建共治共享的乡村治理格局。而乡村治理强调多元主体协同参与。这包括村级组织、农民自身以及社会各界力量。政府在乡村治理中起主导作用，制定并执行相关政策法规，提供公共服务；村级组织是连接政府与农民的桥梁，承担着落实政策、调解矛盾、服务群众等职能;同时,鼓励和支持企事业单位、社会组织、志愿者队伍等多方力量深度参与乡村治理,形成合力,共同推动乡村发展。

(二)乡村治理的目标

乡村治理的目标是实现乡村振兴。在经济层面,通过优化资源配置,发展特色产业,推动农村产业兴旺;在生态层面,坚持绿色发展,建设美丽乡村,保护和改善农村生态环境;在文化层面,传承和发展优秀农耕文化,丰富农民精神生活,培育文明乡风;在社会层面,加强基础设施建设,提升公共服务水平,促进城乡基本公共服务均等化,切实提高农民的生活质量和幸福感。乡村治理是一个复杂而系统的工程,它关乎中国广大农村地区的长远稳定与发展,关系全面建设社会主义现代化国家全局。只有不断深化乡村治理改革,才能真正激活乡村内在活力,为实现农业农村现代化和全面乡村振兴奠定坚实基础。

二、乡村治理的特征

(一)多元共治的治理主体

乡村治理的多元性首先体现在治理主体的多元上。在传统的乡村治理模式中,政府是单一的治理主体,承担着乡村社会管理的全部责任。然而,随着乡村社会的不断发展和变化,单一的政府治理已经无法满足乡村社会的需求。因此,乡村治理逐渐转向多元共治的模式,政府、村民、社会组织等多元主体共同参与乡村治理。

多元共治的治理主体中，政府仍然发挥着主导作用，负责制定乡村治理的政策和规划，提供公共服务和基础设施建设。但政府不再是唯一的治理主体，村民和社会组织也积极参与到乡村治理中来。村民通过村民自治组织、村民代表大会等渠道参与乡村治理的决策和管理，表达自己的利益诉求和意见建议。社会组织则通过提供社会服务、开展公益活动等方式参与乡村治理，弥补政府在乡村治理中的不足。

（二）注重民主的治理方式

乡村治理的民主性主要体现在治理方式的民主上。在传统的乡村治理模式中，政府往往采用行政命令、强制执行等方式进行乡村社会管理，忽视了村民的主体地位和民主权利。然而，随着乡村社会的不断发展和变化，村民的民主意识和参与意识不断增强，对乡村治理的民主性提出了更高的要求。因此，乡村治理逐渐转向注重民主的治理方式。在这种治理方式中，政府尊重村民的主体地位和民主权利，采用协商、合作、参与等民主方式进行乡村社会管理。政府在制定乡村治理政策和规划时，广泛征求村民的意见和建议，确保政策和规划符合村民的实际需求和利益诉求。政府在提供公共服务和基础设施建设时，充分考虑村民的意见和建议，确保公共服务和基础设施建设符合村民的实际需求和利益诉求。

（三）追求和谐的治理目标

乡村治理的和谐性主要体现在治理目标的和谐上。在传统的乡村治理模式中，政府往往注重经济发展和社会稳定等单一目标，忽视了乡村社会的整体性和协调性。然而,随着乡村社会的不断发展和变化,乡村社会的整体性和协调性越来越重要,对乡村治理的和谐性提出了更高的要求。乡村治理逐渐转向追求和谐的治理目标。在这种治理目标中,政府注重经济发展、社会稳定、文化繁荣、生态保护等多元目标的协调发展,实现乡村社会的整体性和协调性。政府在制定乡村治理政策和规划时,应充分考虑经济发展、社会稳定、文化繁荣、生态保护等多元目标的需求和平衡,确保政策和规划符合乡村社会的整体利益和长远发展。

三、乡村治理的原则

坚持以人为本改善民生的原则,是乡村治理的出发点和落脚点。乡村治理的最终目标是提高农民的生活质量,实现农村社会的全面进步。因此,在治理过程中,必须始终把农民的利益放在首位,尊重农民的主体地位和首创精神,充分调动农民的积极性、主动性和创造性。要通过改善农村基础设施、提高公共服务水平、促进教育公平、完善社会保障体系等措施,切实解决农民最关心、最直接、最现实的利益问题,让农民在乡村治理中真正受益。同时,坚持城乡一体统筹发展的原则,是乡村治理的重要战略导向。城乡发展不平衡是我国经济社会发展中的突出问题,也是制约乡村治理效果的关键因素。因此,在乡村治理中,必须打破城乡二元结构的束缚,推动城乡要素平等交换和公共资源均衡配置,促进城乡在规划建设、产业发展、市场信息、生态环境保护等方面的衔接和融合。要通过建立城乡统一的户籍制度、就业制度、社会保障制度等,消除农民进城的制度性障碍,促进农民在城乡间自由流动和平等发展。要引导城市资本、技术、人才等要素向农村流动，支持农村产业发展和农民增收致富。而坚持规划引领示范带动的原则，是乡村治理的重要手段和途径。规划是乡村治理的龙头和先导，只有制定科学、合理、可行的规划，才能引导乡村治理沿着正确的方向前进。所以，在乡村治理中，必须高度重视规划的作用，加强规划的编制和实施工作。要通过制定和实施乡村振兴战略规划、土地利用规划、产业发展规划等，明确乡村治理的目标、任务和措施，引导各类资源要素向农村集聚。同时，要注重发挥示范区的引领作用，通过建设一批不同类型的示范区，总结推广成功经验，以点带面推动乡村治理水平的整体提升。

第二节　治理主体与要素

一、治理主体

（一）村民

乡村治理的主体是村民，村民自治是乡村治理的实质。村民自治的目的是发挥本地人力资源优势，通过自我管理、自我监督、自我规范、自我调适、自我组织等方式，维护村庄稳定、推进村庄发展。乡村治理现代化的过程，就是不断提升村民主体性地位的过程，让村民更好地参与到乡村治理中，成为乡村治理的主人翁。村民自治的实质是让村民自己管理自己的事务，而村民自治的推行，就是要让村民成为乡村治理的主人翁，参与到村庄事务的决策、执行和监督过程中。通过自我管理、自我监督、自我规范、自我调适、自我组织等方式,村民可以更好地维护自己的权益,促进村庄的发展。为了实现村民自治的目标,加强村民主体性地位。首先,增强村民的自治意识和能力。通过教育和培训等途径,让村民了解自治的基本知识和技能,提高其参与自治的能力和水平。其次,建立健全村民自治的组织和机制。在乡村治理现代化的过程中,还加强外部力量的支持和引导。政府应该加强对村民自治的支持和引导,提供政策和资金等方面的支持,推动村民自治的健康发展。同时,社会各界也应该关注和支持乡村治理现代化的进程,为村民自治提供更多的帮助和支持。

(二)农村基层党组织

党组织在乡村治理中发挥着领导作用,加强自身建设,提高治理能力,以更大力度推动乡村振兴,加强和改进乡村治理,以保障和改善民生为优先方向,围绕让农民得到更好的组织引领、社会服务、民主参与,加快构建党组织领导的乡村治理体系。加强和改进乡村治理,关键是发挥好基层党组织的引领作用。要以提升组织力为重点,把农村基层党组织建设成为宣传党的主张、贯彻党的决定、领导基层治理、团结动员群众、推动改革发展的坚强战斗堡垒。中共中央、国务院印发《关于加强基层治理体系和治理能力现代化建设的意见》,提出完善支持社区服务业发展政策、优化乡镇(街道)政务服务流程、研究制定加强城乡社区服务人才队伍建设政策措施等,为提高乡村治理能力现代化水平提供了制度保障。提升乡村治理水平,可以通过吸纳广大群众、社会组织和社会力量积极投身农村公共管理和服务的方式,实现政府治理、社会调节、乡村居民自治的良性互动,推动构建共建共治共享的乡村治理格局。

(三)村民委员会

村民委员会是村民自我管理、自我教育、自我服务的基层群众性自治组织,在党的领导下开展工作。加强自身建设,提高服务能力和管理水平,解决村民的实际问题,是村委会的重要任务之一。首先,村委会坚持党的领导,深入学习贯彻习近平新时代中国特色社会主义思想,增强"四个意识"、坚定"四个自信"、做到"两个维护"。同时,加强党风廉政建设和反腐败斗争,保持清正廉洁的作风,树立良好的形象。其次,村委会加强自身建设,包括组织建设、制度建设和队伍建设等方面。要建立健全各项规章制度和工作流程,明确工作职责和责任主体,确保工作的规范化和科学化。加强干部队伍建设,提高干部素质和能力水平,打造一支高素质、有担当、能作为的干部队伍。再次,村委会提高服务能力和管理水平。要积极为村民提供优质高效的公共服务,包括办理各种证明、申请低保、救助等事项。加强村务公开和民主管理,保障村民的知情权、参与权和监督权。加强财务管理和审计监督,确保财务收支的合法性和合理性。最后,村委会切实解决村民的实际问题。

(四)农民合作组织

农民合作组织在乡村治理中具有不可忽视的作用。作为农民自我服务、自我管理的组织,农民合作组织可以有效地将农民组织起来,共同参与乡村治理,提高治理效率。首先,农民合作组织可以发挥组织作用,将分散的农民组织起来,形成合力,共同参与乡村治理。在传统的乡村治理中,农民往往处于被动接受管理的地位,缺乏参与感和归属感。而农民合作组织的出现,为农民提供了一个自我管理、自我服务的平台,让农民能够更好地参与到乡村治理中。其次,农民合作组织可以通过提供农业技术、市场信息、金融服务等方式,增加农民收入。农民合作组织聚集了一批有着相同利益的农民,可以更好地整合资源,实现资源共享。通过引进先进的农业技术、提供准确的市场信息和金融服务,可以帮助农民提高生产效率、降低生产成本、拓宽销售渠道,从而实现增收致富。最后,农民合作组织的存在还有利于推动乡村经济的发展。农民合作组织可以联合农民共同开发农业资源、发展乡村旅游等产业,推动乡村经济的多元化发展。通过发展乡村经济,可以进一步增加农民的收入,提高乡村治理的水平。

(五)外部型主体

在乡村治理体系中,除了村民、村委会和农民合作组织等直接参与者,还包括基层党政机关、外来企业、公益性社会组织等间接主体。这些主体虽然不是乡村治理的直接参与者,但它们通过行政管理、投资、社会服务等方式对乡村治理产生着重要影响,成为乡村治理中的重要力量。基层党政机关在乡村治理中发挥着领导和指导作用。它们通过制定政策、规划和管理措施,引导乡村治理的方向和进程。同时,基层党政机关还负责乡村公共服务的提供和公共基础设施的建设,为乡村治理提供物质基础。此外,基层党政机关还通过干部驻村、扶贫帮困等方式,深入乡村,了解村民需求，为乡村治理提供有力支持。外来企业对于乡村治理的影响也不容忽视。随着经济的发展和城镇化的推进，越来越多的企业开始进驻乡村地区，为当地经济发展注入新的活力。外来企业的投资不仅带来了资金和技术，还为当地村民提供了就业机会和增收途径。同时，外来企业也积极参与乡村公益事业，通过捐资助学、扶贫济困等方式回馈社会，成为乡村治理中的一股重要力量。

公益性社会组织在乡村治理中也扮演着重要角色。这些组织通常以服务乡村、改善民生为宗旨，通过开展教育、医疗、文化、环保等公益活动，提高村民的生活质量和乡村的可持续发展能力。公益性社会组织还为乡村治理提供了重要的社会监督和舆论支持，推动乡村治理的规范化、透明化。这些间接主体虽然在乡村治理中不直接参与决策和执行过程，但它们通过各自的资源和影响力，对乡村治理产生了深远的影响。它们的参与和支持，不仅提升了乡村治理的水平和效率，也为乡村经济的可持续发展和社会进步注入了新的动力。为了更好地发挥这些间接主体在乡村治理中的作用，建立良好的合作机制和互动平台。加强基层党政机关与乡村之间的沟通与协调，确保政策措施符合乡村实际需求和发展方向。引导和支持外来企业积极参与乡村经济建设和社会公益事业，实现企业与乡村的互利共赢。同时，鼓励公益性社会组织深入开展公益活动，增强村民的获得感和幸福感。

二、治理要素

（一）有效地领导和管理

在乡村治理中，具有权威和影响力的领导者扮演着至关重要的角色。他们不仅是政策的执行者，更是社区需求的传达者。这些领导者通常具备丰富的社会经验和卓越的领导能力，能够有效地将上级政府的政策转化为具体的行动计划，同时充分了解村民的需求和关切，确保政策的有效实施。一个优秀的村干部，首先具备深入理解上级政府政策的能力。这不仅包括对政策内容的准确把握，还要了解政策背后的意图和期望。村主任分析政策对村庄发展的影响，结合村庄的实际情况，制定出切实可行的实施方案。有效的政策执行，离不开村主任的影响力和权威。村主任在村民中树立威信，通过自己的言行影响和带动村民。在执行政策过程中，村主任善于沟通协调，化解矛盾，确保政策的顺利实施。同时，村主任还关注政策的反馈和调整，根据实际情况不断完善和优化政策执行方案。除了执行政策，村主任还倾听并反馈村民的需求和关切。村民是乡村治理的主体，他们的声音和诉求是制定和调整政策的重要依据。村主任建立有效的沟通渠道，让村民畅所欲言，表达自己的意见和建议。同时，村主任还深入了解村民的实际需求，关心他们的生产生活状况，确保政策能够真正惠及村民。村主任还在上级政府和村民之间建立起一个双向的沟通机制。这不仅包括将上级政府的政策传达给村民，还要将村民的意见和建议反馈给上级政府。通过这种沟通机制，上级政府可以更加了解村民的需求和关切,制定出更加符合实际情况的政策;同时,村民也可以更好地理解和支持政府的政策,积极参与乡村治理。

(二)群众积极参与

乡村治理作为乡村振兴战略的重要一环,广大群众的广泛参与。群众参与不仅有助于提高治理的效率和效果,还能增强村民的归属感和责任感,形成共建共治共享的良好局面。首先,引导村级制定和完善村规民约是调动群众参与积极性的关键。村规民约作为村民自治的重要制度,涵盖了乡村生活的方方面面,包括环境保护、邻里关系、公共设施使用等。通过制定符合当地实际的村规民约,可以使村民更加明确自己在乡村治理中的权利和义务,增强参与管理的意识。同时,通过村规民约的执行和监督,还可以促使村民养成遵纪守法的良好习惯,形成文明和谐的乡村风气。其次,完善党组织领导的村民自治机制是保障群众参与的基础。党组织作为乡村治理的核心力量,要充分发挥领导作用,确保村民自治的正确方向。通过建立健全村民代表大会、村民理事会等自治组织,完善议事决策程序,可以使村民充分行使自治权利,参与到乡村治理的实践中。同时,党组织还加强对自治组织的监督和指导,确保其运作的规范性和有效性。

(三)法治建设

法治与德治,如同硬币的两面,共同构成了乡村治理的基石。以法治为抓手,建设平安乡村,是维护乡村秩序、保障村民权益的必然要求。德治重在道德引领,倡导文明新风,为乡村注入深厚的文化底蕴和道德力量。法治是乡村治理的底线保障。无规矩不成方圆,法律作为社会行为的规范,在乡村治理中发挥着至关重要的作用。通过建立健全乡村法律体系,确保村民的合法权益得到有效保障,同时规范乡村秩序,防止和化解矛盾冲突。加强乡村法律服务体系建设,提高村民的法律意识和法律素养,引导村民依法表达诉求、解决纠纷。此外,还要严厉打击乡村违法犯罪行为,维护乡村社会的稳定和谐。德治则是乡村治理的精神支柱。道德作为一种软约束力,能够潜移默化地影响村民的行为和价值观。通过弘扬社会主义核心价值观,树立文明新风尚,引导村民形成良好的道德风貌。开展道德教育、评选道德模范、弘扬孝敬长辈、邻里和睦等传统美德,营造崇德向善的乡村氛围。同时,还要注重发挥乡贤、老党员、老干部等先进模范人物的引领作用,以他们的先进事迹和高尚品德感召村民,共同营造文明和谐的乡村环境。

(四)经济发展和环境保护

乡村治理不仅仅是一个社会管理的问题,它与经济发展和环境保护紧密相连,是实现乡村振兴和可持续发展的重要组成部分。在当前的背景下,乡村治理与经济发展和环境保护相结合,以实现乡村的全面振兴和可持续发展。经济发展是乡村治理的重要支撑。经济发展可以为乡村提供更多的资源和机会,提升乡村的自我发展能力。在乡村治理中,要注重发挥乡村经济的优势,因地制宜地发展特色农业、乡村旅游、手工艺等产业,促进乡村经济的多元化发展。同时,还加强乡村基础设施建设,提高农业生产效率和农民收入水平。然而,经济发展不能以牺牲环境为代价。环境保护是乡村治理的又一重要方面。在发展经济的同时,要注重生态保护,加强农村环境治理,改善农村人居环境。加强对农业污染的治理,推广生态农业和绿色农业,减少化肥和农药的使用,保护农村的水源和土壤。同时,还加强农村垃圾分类和资源化利用,推进农村厕所革命等环境整治工作,提升农村环境质量。为了实现经济发展和环境保护的有机结合,乡村治理采取综合性的措施。一方面,加强政策引导和支持,制定符合当地实际的经济发展规划,鼓励绿色产业的发展,限制高污染、高能耗产业的发展。另一方面,加大环境监管和执法力度,对环境污染行为进行严厉打击,保障生态环境的可持续发展。此外,还发挥村民的主体作用。村民是乡村治理的主体,也是经济发展和环境保护的直接参与者和受益者。加强村民的教育和培训工作,增强村民的环保意识和可持续发展意识。通过开展环保志愿服务、绿色生活倡导等活动,引导村民养成环保的生活方式和行为习惯。同时,还要鼓励村民参与乡村经济发展和环境治理的决策和管理,提升其自我管理和自我发展的能力。

三、农村治理主体结构研究的理论基础

(一)结构功能理论

1. 早期结构功能主义

早期结构功能主义是社会学领域中的一个重要理论流派,它在20世纪上半叶开始崭露头角,并对后来的社会学研究产生了深

远的影响。该理论主要关注社会结构与其组成部分之间的功能关系,强调社会现象的稳定性、秩序性和均衡性,试图通过解析社会各部分之间的相互依赖和互补关系来揭示社会整体的运行机制。早期结构功能主义强调社会现象的均衡性和稳定性,认为社会系统具有一种自我平衡的机制,能够在面临外部冲击或内部变化时保持相对的稳定。这种稳定性是通过社会各部分之间的相互依赖和互补关系来实现的。当一个部分发生变化时,其他部分也会相应地做出调整,以保持整个系统的平衡。这种均衡观念反映了早期结构功能主义对社会现象的一种静态和共时性的理解。然而,早期结构功能主义也面临着一些批评和挑战。该理论过于强调社会的稳定性和均衡性,忽视了社会变革和冲突的可能性。在现实社会中,社会现象往往是动态和历史性的,社会变革和冲突是不可避免的。而且,早期结构功能主义在解释社会现象时往往采用一种还原论的方法,将复杂的社会现象简化为一系列的功能关系,忽视了社会现象的复杂性和多样性。并且,该理论还面临着方法论上的困境,如何科学地验证社会结构与其功能之间的关系成了一个难题。

2. 帕森斯的结构功能主义

在帕森斯的构想中,社会系统首先是一个行动系统,包含着众多相互关联的组成部分,这些部分通过一定的结构化关系形成有序的互动模式。他认为,任何一个社会系统都具备 4 个基本的功能需求或功能子系统,即适应、目标达成、整合与 latency 模式维持,简称 AGIL 模型。这个模型框架强调社会为了生存和稳定发展所需完成的基本任务：适应环境以获取资源，确立并追求集体目标来引导行动方向，通过规范和价值观的整合确保内部秩序，以及传承文化模式和社会角色以维系社会连续性。

结构功能主义的核心观点在于，社会的各个部分——无论是经济、政治、法律、教育等制度还是社会规范、价值观念等文化要素——都有其独特的功能，并且它们之间的相互作用和依赖关系构成了社会的整体结构。每一个部分的功能并非孤立存在的，而是共同服务于社会系统的整体稳定和适应性变迁。换言之，每个社会元素的存在都是因为它在保持社会平衡和促进社会变迁过程中发挥了必要的功能性作用。帕森斯进一步提出了“模式变量”理论，探讨了社会行为中的个体取向与集体取向、普遍主义与特殊主义、成就定向与先赋定向、具体性与情感性等对立统一的维度，这些模式变量在不同社会情境下会有不同的组合，进而塑造出各异的社会结构特征。

3. 后帕森斯时代

后帕森斯时代在社会学的发展史上确实占据了举足轻重的地位。它不仅仅是一个时代的标识，更代表着对塔尔科特·帕森斯理论的深度反思与学术前进的脚步。帕森斯作为结构功能主义的领军人物，为我们理解社会的构建、运作与维持提供了一套系统的框架。然而，任何理论都不是完美的，都有其时代的局限性。随着社会的变迁与学术研究的深入，对帕森斯理论的质疑与挑战也日益增多。在后帕森斯时代的社会学家们看来，全球化、信息化与科技革命等新的社会现象，对传统的社会结构产生了深远的影响。

全球化进程加速了各国之间的交流与合作，但也带来了文化冲突、社会不平等等问题。信息化与科技革命则改变了人们的信息获取、传播与生产方式，对社会结构产生了深刻的影响。这些新的社会现象，使得社会结构变得更加复杂与多元，也为社会学研究提供了新的课题与挑战。在方法论上，后帕森斯时代的社会学家们对传统的实证主义方法论进行了反思与批判。他们认为，实证主义方法论过于强调客观性与量化研究，而忽视了社会现象的复杂性与多样性。因此，他们提倡采用更加多元与开放的研究方法，如定性研究、比较研究、历史研究等。这些方法各有其优势与特点，可以相互补充与验证，为我们揭示社会现象的本质与规律提供有力的工具。此外，后帕森斯时代的社会学家们还注重跨学科的研究与合作。他们认为，社会学研究不应该局限于自身的学科边界内，而应该与其他学科进行交叉与融合。例如，与社会心理学、政治学、经济学、人类学等学科的交叉研究，可以为我们提供更加全面与深入地认识与理解社会的视角与方法。这种跨学科的研究与合作，不仅可以拓宽我们的研究视野与方法论基础，还可以为我们解决复杂的社会问题提供新的思路与途径。

（二）协同治理理论

协同治理理论，作为一种新兴的社会治理模式和理念，强调多元主体共同参与、协商合作，以实现公共事务的有效管理与决策。协同治理摒弃了传统单一主导的管理模式，倡导政府、市场、社会（包括非政府组织、社区、公民等）多元主体共同参与治理过程。各类主体在各自功能领域内发挥优势，互补不足，形成合力，共同解决复杂的社会问题。它要求各治理主体之间进行平等对话和协商，共享决策权和执行权，并相应地承担起各自的职责与义务。这种权力与责任的平衡配置有助于激发各个治理主体的积极性，促进治理体系的公正公平运行。而在协同治理框架下，信息的公开透明及各主体之间的有效沟通至关重要。只有通过开放的信息环境和顺畅的沟通渠道，才能确保多元主体充分了解并回应社会需求，从而做出科学合理的决策。

所有参与治理的主体围绕共同的价值追求和社会发展目标达成共识，形成共同愿景，以此指导各方行动方向，推动治理工作的有序开展。而且，打破传统的垂直化、封闭式的管理模式，建立起一种开放、包容、互动、合作的治理新格局，以更好地应对现代社会的复杂性和不确定性挑战，提升社会治理效能，增进公共福祉。

（三）多中心治理理论

多中心治理理论的核心思想是分散化和多元化。它认为，传统的以政府为中心的治理模式已经难以适应现代社会的复杂性和多样性。在现代社会中，公共事务的治理需要多个主体的共同参与和协作。这些主体具有不同的资源、知识和能力，可以通过相互合作和互补，形成更大的治理合力。同时，多中心治理也强调各个主体之间的相对独立性和自主性，它们可以在自己的领域内自主决策和行动，而不是完全受制于一个中心化的权力机构。在传统的治理模式中，政府是唯一的治理主体，拥有最高的权力和权威。但在多中心治理中，政府与其他主体一起共同参与治理过程，这些其他主体包括企业、非政府组织、社区和公民个人等。它们可以通过各种方式参与到治理中来，例如提供公共服务、进行社会监督等。这种多元化的治理主体结构不仅可以提高治理效率，还可以增强治理的合法性和公信力。

在多中心治理中，各个治理主体之间的关系是复杂而多样的。它们之间既有竞争关系，也有合作关系。竞争关系可以促使各个主体不断提高自己的治理能力和水平，以在竞争中获得更大的优势和影响力。而合作关系则可以使各个主体之间形成协同效应，共同解决一些单个主体难以解决的问题。此外，各个主体之间还可以通过协商、伙伴关系等方式建立更加紧密的联系和合作机制，以实现更加有效的治理。多中心治理理论还强调治理过程的民主化和法治化。民主化是指各个治理主体在治理过程中应该遵循民主原则，尊重公民的参与权和表达权，保障公民的合法权益。这可以通过建立公开透明的决策机制、鼓励公民参与政策制定和执行过程等方式来实现。法治化则是指各个治理主体在治理过程中应该遵循法律法规，确保治理活动的合法性和规范性。这可以通过建立健全的法律体系、加大执法力度、增强司法公正性等方式来实现。

第二章　农村基层治理的组织体系和主要任务

第一节　农村基层治理的组织体系

一、村委和支委

（一）农村二元权力结构的理论视野

1. 权力资源的分配模式及其转变

权力资源的分配模式是社会政治结构与运行机制的核心体现，它在不同历史时期和社会环境下呈现出不同的特征和发展趋势。随着社会的进步与发展，尤其是民主法治理念的深入人心以及公民权利意识的觉醒，权力资源的分配模式开始经历深刻的转变。一方面，权力资源逐渐从高度集中向适度分散过渡，另一方面，权力资源的分配更加注重平等和公正原则。从过去主要依赖行政级别和身份地位分配，转向基于能力和贡献的分配方式，确保每个人都有机会参与公共事务，共享社会发展成果。例如，通过推进政务公开、强化公众参与和监督机制，使得政策制定过程更为透明,公众的意见和诉求得以有效表达和尊重,从而实现权力资源的公平公正分配。而借助网络平台和大数据技术,信息传递速度加快,权力运行愈发透明,民众可以更直接地参与到社会治理中,行使知情权、参与权和监督权,进一步推动了权力资源分配向着扁平化、民主化方向演进。

2. 权力来源及合法性问题

权力来源,这一政治学和社会学中的核心概念,指的是权力合法性或认受性的根本依据。它不仅仅是一个理论问题,更是实践中权力运行和政权稳定的基石。特别是在农村基层治理中,权力来源问题直接关系着村民的切身利益和农村社会的和谐稳定。民主的程序政治对权力来源提出了明确的要求,合法的权力应经由合法的渠道产生。这一要求的背后是对权力合法性的追求和对权力滥用的防范。在农村基层,这一要求体现得尤为明显。村委会作为农村基层的自治组织,其权力来源必须合法、合理且得到村民的广泛认可。而村民直选,正是这种民主授权的制度化机制。

村民直选,顾名思义,就是村民直接选举产生村委会成员。这种选举方式最大的特点就是贯彻了基本民主原则——少数服从多数。通过直选,村民可以将自己的意愿直接表达在选举结果中,从而确保村委会成员能够代表大多数村民的利益。这种机制不仅增强了村委会的合法性,也提高了村民对村委会工作的满意度和参与度。在村民直选的实践中,我们可以看到权力来源的民主性和合法性得到了充分体现。在选举过程中,村民享有平等的选举权和被选举权。无论性别、年龄、财富状况如何,每个村民都有机会参与到选举中来，表达自己的意愿。这种平等参与的机会是权力来源民主性的重要体现。而且，候选人能否当选，完全取决于他们能否获得多数村民的支持。这种“少数服从多数”的原则确保了权力来源的合法性。因为只有当权力得到大多数人的认可时，它才能够真正合法地运行。

在选举过程中，候选人公开自己的承诺，接受村民的监督。当选后，村委会成员也定期向村民报告工作，接受村民的评议。这种透明度和公开性不仅增强了村委会的责任感，也提高了村民对村委会工作的信任度。村民直选的实践还表明，民主授权并不是一次性的行为，而是一个持续的过程。因为村民的利益和需求是不断变化的，所以村委会的权力也不断地得到村民的授权和认可。这就通过定期的选举和评议来确保村委会的权力始终保持在合法的轨道上运行。

3. 权力影响力及其变化

自实行村民选举制度以来，村委会的地位和功能在中国农村社会中发生了显著变化。这一制度的引入，不仅为农村基层治理注入了新的活力，也深刻影响了村委会的组织结构、人员构成以及其在农村社会中的影响力。其中，最为引人注目的变化之一就是村委会的能人化趋势，即越来越多有能力、有资源、有视野的个体通过选举进入村委会，从而提升了村委会的整体能力和影响力。在过去，农村社会的权力结构相对封闭，往往由少数人或家族掌控。而村民选举制度的引入，打破了这种封闭的权力结构，使得更多有能力、有意愿为村民服务的人才能够进入村委会。这些人才包括经济能人、社会精英以及年轻有为的村民。他们的加入,不仅优化了村委会的人员结构,也提升了村委会在村民心中的地位和信任度。

经济能人的加入,为村委会带来了发展农村经济的实力和经验,他们通常具有敏锐的市场洞察力和丰富的经济资源,能够带领村民发展特色产业、增加收入。同时,他们还能够利用自己的经济影响力,为村委会争取到更多的外部支持和资源。这些资源的注入,进一步增强了村委会的服务能力和影响力。而社会精英的参与,则为村委会提供了更广泛的社会联系和更高的社会地位。他们通常在社会各界拥有广泛的人脉和影响力,能够为村委会搭建起与外部世界沟通的桥梁。这不仅有助于村委会了解外部世界的最新动态和趋势,还能够为农村社会的发展争取到更多的机会和资源。同时,社会精英的加入也提升了村委会在村民心中的地位和形象,使得村民更加信任和支持村委会的工作。

年轻有为的村民的加入,则为村委会注入了新的活力和创新思维。他们通常接受过良好的教育,具有开阔的视野和较强的学习能力。他们能够快速接受新知识、新技能,并将其运用到农村发展中。同时,他们还能够利用自己的创新思维和活力,推动村委会在工作方式、方法上的创新和改进。这不仅提升了村委会的工作效率和服务质量,也提升了村委会在村民心中的吸引力和影响力。并且,在动员力方面,由于能人、精英和年轻村民的加入,村委会在村民中的号召力和影响力得到了显著提升。他们能够更好地组织和动员村民参与到农村的各项事务中来,形成强大的集体行动力。例如,在经济能人的带领下,村民可以共同发展特色产业、增加收入；在社会精英的引导下，村民可以积极参与农村文化建设、提升文明素养；在年轻村民的带动下，村民可以学习新知识、新技能，提高自身素质和能力。这些行动不仅有助于推动农村社会的全面发展，也增强了村民对村委会的信任和支持。

4. 权力的制度规范

权力的制度规范在乡村治理中表现为一种明确的、具有约束力的规则体系。它旨在规范权力行使者的行为，防止权力滥用，保障村民的合法权益。这种规范不仅体现在国家的法律法规中，更渗透在乡村社会的习俗、传统和道德观念中。乡村社会的权力运作往往更加注重人情、面子等非正式规则，这些规则在很多时候甚至比正式的法律制度更具约束力。而党支部在乡村治理中扮演着举足轻重的角色，作为党的基层组织，党支部是党的路线、方针、政策在乡村的贯彻者和执行者。党支部的制度规范主要体现在对党员的管理、教育和监督上。通过严格的组织生活、定期的党员大会和民主评议党员等制度，党支部确保党员能够始终保持先进性，发挥先锋模范作用。同时，党支部还承担着团结群众、推动发展、维护稳定等重要职责，这些职责的履行同样依靠制度规范来保障。

与党支部相比，村委会在乡村治理中的角色更加多元化，村委会既是村民自治的组织形式，也是乡村社会的管理机构。它的制度规范主要体现在村民自治的相关法律法规中，如《中华人民共和国村民委员会组织法》等。这些法律法规规定了村委会的组成、职责、权力行使方式等，为村委会的工作提供了明确的指导。在实际工作中，村委会还结合乡村社会的实际情况，制定更加具体、更加具有可操作性的工作规则和管理制度。

党支部与村委会的制度规范虽然各有特点，但二者在乡村治理中并不是孤立存在的。相反，它们之间存在着密切的联系和互动。党支部对村委会的工作具有领导作用，这种领导作用不仅体现在对村委会工作的指导和支持上，更体现在对村委会成员的培养和选拔上。而且，村委会的工作也需要党支部的支持和配合。在处理乡村社会的各种事务时，村委会往往依靠党支部的组织和动员能力，才能更好地推动工作的开展。在乡村治理的实践中，权力的制度规范、党支部的领导作用以及村委会的自治功能三者之间形成了一个有机的整体。这个整体既体现了国家对乡村社会的治理理念，也反映了乡村社会的实际需求和特点。通过不断优化和完善这个整体，我们可以更好地推动乡村治理体系和治理能力现代化，为实现乡村振兴战略目标提供有力保障。

（二）农村党政关系的调适：走向双赢

1. 两票制

农村两票制指的是村民选举和村务公开制度，这一制度的实施，不仅提高了村民的参与度和满意度，也增强了村委会的组织吸纳能力和动员力。同时，它还促进了农村党政关系的和谐发展，实现了农村社会的稳定与繁荣。通过定期的村民选举和村务公开，村民能够直接参与到村庄事务的管理中来，表达自己的意愿和诉求。这种民主参与的方式不仅增强了村民的主人翁意识和责任感，也提高了他们对村委会工作的信任和支持。同时，通过平等地行使政治权利，村民也能够享受到更加公正、公平的社会待遇和生活环境。而且通过能人化趋势的推动，越来越多的有能力、有资源、有视野的人才通过选举进入村委会。这些人才的加入不仅优化了村委会的人员结构，也提升了其在村民心中的地位和信任度。他们能够更好地组织和动员村民参与到农村的各项事务中来，形成强大的集体行动力。并且，他们还能够利用自己的优势资源和经验，为农村社会的发展争取到更多的机会和资源。这种良性循环不仅推动了农村社会的全面发展，也增强了村委会在村民心中的影响力和号召力。

农村两票制的实施还有助于促进农村党政关系的和谐发展。一方面，通过加强党对农村基层组织的领导和管理，保证了农村发展的正确方向和道路。另一方面，通过扩大村民的政治参与范围和渠道，提高了村民对党和政府的信任和支持。这种相互支持和信任的关系不仅有助于维护农村社会的稳定和发展秩序，也有助于提高党和政府在农民心目中的形象和地位。

农村两票制是实现农村党政关系双赢的重要机制之一。它的实施不仅能够增强村民的政治参与热情和能力，提高村委会的组织吸纳能力和动员能力，还能够促进农村党政关系的和谐发展，推动农村社会的稳定与繁荣。因此，我们应该继续完善和推广这一制度体系，为农村基层治理注入更多的活力和动力。

2. 两选联动机制

在乡村治理的过程中，两选联动机制作为基层民主制度的重要组成部分，对于促进乡村社会的稳定与发展具有深远的意义。

这一机制中的“两选”,即村委会选举和党支部选举,相互关联、相互促进,共同构成了乡村治理的民主基石。村委会选举作为村民自治的直接体现,是乡村治理中的关键一环。通过普遍、平等、直接、差额的选举原则,村民能够选出自己信赖的当家人,从而实现对村级事务的民主管理。这种选举方式不仅体现了民主的真实性,也激发了村民参与乡村治理的积极性和主动性。在村委会选举中,候选人的产生、选举程序的公正性、选举结果的合法性等方面都受到了广大村民的关注和监督,确保了选举的公正、公开、公平。

与村委会选举相对应的是党支部选举。在乡村治理中,党支部作为党的基层组织,发挥着战斗堡垒的作用。党支部的选举旨在选出政治素质高、组织能力强、群众基础好的党员担任支部领导职务,从而确保党的路线、方针、政策在乡村的贯彻落实。通过党支部选举,党员能够参与到支部的决策和管理中来,增强了党员的责任感和使命感。同时,党支部选举也促进了党内民主的发展,为乡村治理注入了新的活力。

两选联动机制的核心在于“联动”,这种联动体现在两个方面:一是选举过程的相互衔接。在乡村治理中,村委会选举和党支部选举往往交替进行,形成了相互衔接的选举周期。这种衔接不仅保证了选举工作的连续性,也为乡村治理提供了稳定的人才支持。二是选举结果的相互影响。村委会选举产生的村委会成员和党支部选举产生的支部领导成员在乡村治理中相互协作、相互配合,共同推动乡村社会的发展。这种协作不仅提高了乡村治理的效率,也增强了乡村社会的凝聚力。

两选联动机制在乡村治理中的实施，取得了显著的成效。一方面，它促进了乡村社会的民主化进程。通过村委会选举和党支部选举，村民和党员能够参与到乡村治理中来，实现了对村级事务的民主管理和民主监督。这种参与不仅增强了决策的科学性和合理性，也增强了村民和党员的民主意识和法治观念。另一方面，它推动了乡村社会的经济发展和社会进步。通过两选联动机制，乡村社会能够选出有能力、有威望、有远见的领导人才，为乡村的经济发展和社会进步提供了有力保障。

二、切实加强农村基层组织体系建设

（一）农民和基层组织

1. 基层组织建设是党和国家组织建设体系中的基础

基层组织是直接面向广大群众的服务和管理平台，是党和政府了解社情民意、回应群众关切的重要渠道。通过加强基层党组织建设，可以更好地推动经济社会发展各项政策在基层落地生根，促进各项事业全面进步。同时，基层组织还可以通过开展各种形式的群众工作，激发和调动群众的积极性、主动性和创造性，为经济社会发展提供强大动力和支撑。在加强基层组织建设的过程中，注重以下几个方面：一是加强基层党组织建设，发挥党组织在基层治理中的领导核心作用；二是加强基层干部队伍建设，提高基层干部的素质和能力；三是加强基层民主制度建设，保障群众参与基层治理的权利；四是加强基层服务体系建设，提升基层服务群众的能力和水平。

2. 全面提高农民的科技文化和思想道德素质

随着时代的进步和社会的发展，农业作为国家的根基产业，其重要性不言而喻。而农民作为农业生产的主体，他们的科技文化水平和思想道德素质直接关系着农业生产的效率和农村社会的稳定。因此，全面提高农民的科技文化和思想道德素质，成为当下农村社会发展的重要任务。在农业现代化的进程中，科技的作用日益凸显。传统的农业生产方式已经难以满足现代社会的需求，而科技的引入能够极大地提高农业生产的效率和质量。例如，通过推广现代化的农业机械，可以大幅度提高耕作、播种、收割等环节的效率；通过引入先进的农业技术，如滴灌、温室种植等，可以在有限的土地上实现更高的产量。然而，这些技术和设备的推广和应用，都离不开农民科技文化素质的提高。只有当农民具备了基本的科技知识和文化素养，他们才能更好地理解和接受这些新技术，从而将其应用到实际生产中。

3. 改善基层干部工作条件，提高基层干部的生活待遇和政治待遇

从工作效能的角度来看，良好的工作条件是基层干部高效履职的基础。在过去，由于种种原因，一些基层干部不得不面对办公设施陈旧、交通不便、信息化手段落后等问题。这些不利因素不仅影响了他们的工作效率，也在一定程度上制约了基层治理能力的提升。改善工作条件，意味着为基层干部提供更为便捷、舒适的办公环境，更新必要的办公设备和交通工具，以及提升信息化水平。

这将极大地提高他们的工作效率，使他们能够更好地服务群众，推动基层各项事业的发展。而从人才队伍建设的角度来看，提高生活待遇是稳定基层干部队伍、吸引优秀人才的关键。基层干部长期扎根基层，面临着工作压力大、生活条件相对艰苦的现实。如果他们的生活待遇得不到应有的保障，不仅会影响他们的工作积极性，还可能导致优秀人才的流失。提高生活待遇，包括改善住房条件、提供优质的医疗保障和退休保障等，能够消除基层干部的后顾之忧，让他们能够安心在基层工作。同时，这也会吸引更多的优秀人才投身基层，为基层治理注入新的活力和动力。

从社会稳定的角度来看，改善基层干部工作条件和提高生活待遇有助于增强基层政权的稳固性。基层干部是党和政府在农村的坚强堡垒，他们的形象和作为直接影响着党和政府在群众中的威信。如果基层干部的工作环境恶劣、生活待遇低下，不仅会损害他们的形象，还可能引发群众的不满和质疑。相反，如果基层干部能够在一个良好的环境中工作，享受到应有的待遇和尊重，他们将更加有信心和动力去履行职责，为群众服务，从而增强基层政权的稳固性。此外，从乡村振兴的角度来看，改善基层干部工作条件和提高生活待遇也是推动乡村振兴战略实施的重要保障。乡村振兴战略的实施一支有能力、有担当、有情怀的基层干部队伍。而这支队伍的建设，离不开良好的工作条件和生活待遇的支撑。只有当基层干部的工作环境得到改善，生活待遇得到提高，他们才能更加全身心地投入到乡村振兴的伟大事业中去，为农村的繁荣和发展贡献自己的力量。另外，从人文关怀的角度来看，改善基层干部工作条件和提高生活待遇体现了党和政府对基层干部的关心和重视。基层干部作为党和政府在基层的代表和执行者,他们的工作和付出应该得到应有的认可和尊重。改善他们的工作条件和生活待遇,就是对他们辛勤付出的肯定和鼓励。这种人文关怀不仅能够激发基层干部的工作热情和创造力,还能够增强他们的归属感和忠诚度,使他们更加坚定地拥护和支持党和政府的各项决策和部署。

(二)乡镇党委关于基层组织体系建设的思考

1. 增强为民服务的动力

在广袤的农村大地上,乡村干部是党和政府联系群众的桥梁和纽带,他们的每一个行动、每一次决策,都直接关系着农村群众的切身利益。因此,乡村两级干部必须牢固树立起为民服务的意识,时刻将群众的利益放在首位,用心、用情去做好每一项工作。为民服务,是乡村干部的根本宗旨。作为基层的领导者和管理者,乡村干部的职责就是要为农村群众提供优质的服务,帮助他们解决实际问题,促进农村的经济发展和社会进步。这就要求乡村干部必须具备高度的责任心和使命感,把工作当作一种责任、一种担当,而不是简单的职业或者权力。

在实际工作中,乡村干部要始终坚持群众路线,深入了解群众的需求和诉求,广泛听取群众的意见和建议,真正做到从群众中来、到群众中去。要关注群众的生产生活,积极为他们排忧解难,努力改善他们的生产生活条件。同时,还加强政策宣传和思想引导,帮助群众了解党和政府的方针政策,提高他们的思想觉悟和文化素质。为了更好地为民服务,乡村干部还不断提升自身的综合素质和领导能力。加强学习,不断提高自己的政治理论水平和业务能力,以更好地适应新时代农村工作的发展。要注重实践锻炼,积累工作经验,提高解决实际问题的能力。同时,还加强团结协作,形成良好的工作氛围和工作合力。

2. 提高为民服务的能力

乡村干部作为连接党和政府与广大农民群众的桥梁,肩负着推动农村发展、维护农民权益、促进农业现代化的重要使命。在当前社会快速发展、科技不断进步的背景下,乡村干部必须高度重视学习,千方百计提高自身的工作能力,以适应新时代农村工作的发展,更好地为民服务。学习对于乡村干部而言,既是一种责任,也是一种追求。面对日新月异的社会变革和层出不穷的新问题、新挑战,乡村干部必须保持学习的热情和动力,不断更新自己的知识储备,提升解决问题的能力。学习不仅仅是获取知识的过程,更是提高思维水平、拓宽视野、增强创新能力的重要途径。通过学习,乡村干部可以更好地把握时代发展的脉搏,准确判断农村发展的趋势和方向,为农村群众提供更加精准、有效的服务。

3. 凝聚为民服务的合力

强化乡村领导班子的理想信念教育,是凝聚其为民服务能力的首要任务。理想信念是行动的先导,是激励人们不懈奋斗的精神动力。对于乡村领导班子而言,坚定"全心全意为人民服务"的宗旨,就是要求他们时刻将农民群众的利益放在首位,将满足农民群众对美好生活的向往作为一切工作的出发点和落脚点。这种宗旨意识不仅要在思想上牢固树立，更要在实践中得到体现。领导班子成员要时刻保持与农民群众的紧密联系，深入了解他们的需求和期望，积极回应他们的关切和诉求，切实解决他们生产生活中的困难和问题。在乡村治理的实践中，领导班子成员应具备深厚的乡土情怀。乡土情怀是对故土的眷恋和热爱，是对农村发展和农民福祉的深切关注。只有具备了这种情怀，领导班子成员才能真正理解并尊重农民的需求与意愿，才能从心底里产生为农民服务的热情和动力。他们应该深入田间地头，与农民群众同吃同住同劳动，亲身体验农民的艰辛和不易，从而更加珍惜和重视为农民服务的机会和责任。

第二节　农村基层治理的主要任务

一、规范农村基层行政执法程序，加强村里行政执法人员业务培训

大力开展“民主法治示范村”创建，是推动农村基层治理法治化的重要举措。通过这一活动，可以加强农村基层民主建设，促进村民自治的规范化、法治化，增强村民的法律意识和法治观念。具体而言，可以采取以下措施：首先，建立健全村民自治组织，完善村民自治制度，保障村民的选举权、表达权、监督权等基本权利。同时，加强村级财务管理、村务公开等方面的工作，确保村民对村务的知情权、参与权和监督权。其次，深入开展“法律进乡村”活动，通过举办法治讲座、法律咨询、法律援助等方式，向村民普及法律

知识，增强村民的法律意识和法治观念。同时，加强对村干部、人民调解员等重点人群的法律培训，提高他们的法律素质和法治观念，让他们成为“法治带头人”，引领村民尊法学法守法用法。此外，还加强农村法治文化建设，通过开展法治文艺演出、法治宣传周等活动，增强村民对法治的认同感和归属感。同时，鼓励村民参与法治实践，通过依法解决矛盾纠纷、维护自身合法权益等方式，让村民在实践中感受法治的力量和温度。

二、创新农村社会管理模式

（一）全面推行“一站式、一条龙”便民服务

1. 加强服务窗口建设

在农村基层设立综合性的服务窗口，不仅是为了方便村民办事，更是为了提高基层治理的效率和水平。这样的服务窗口可以集咨询、办理和跟踪服务于一体，为村民提供一站式服务。窗口工作人员应经过专业培训，熟悉各类服务事项的办理流程和要求，能够为村民提供耐心、细致的解答和指导。同时，为了确保服务质量，还应建立服务评价机制，对工作人员的服务态度和工作质量进行监督和评估。这样的服务窗口不仅有助于提升村民的满意度，还能促进农村基层治理的规范化、专业化。通过这样的服务窗口，村民可以更加便捷地获取所需的各类服务，也能更好地参与到农村基层治理中来，共同推动农村的和谐与发展。

2. 优化服务流程

对服务流程进行全面梳理和优化，是提高服务效率的关键。

要深入了解村民的需求和办事习惯,对烦琐的流程进行简化,去除不必要的手续。例如,可以合并多个办事环节,减少村民的等待时间,或者通过流程再造,让服务过程更加顺畅。同时,信息化建设也是提高服务效率的重要手段。通过推行网上办事、移动终端办事等方式,村民可以随时随地办理业务,不再受时间和地点的限制。这不仅为村民提供了极大的便利,也大大提高了服务效率。为了实现这一目标,农村基层组织加强信息化建设,提高工作人员的信息化水平,确保网上办事、移动终端办事等服务的顺畅运行。同时,也加强对村民的宣传和培训,让他们了解并熟悉这些新的服务渠道。通过这些措施,我们可以为村民提供更加便捷、高效的服务,推动农村基层治理的现代化。

3. 加强服务人员的培训和管理

为了提高服务人员的业务素质和服务水平,必须对他们进行专业培训。培训内容应涵盖农村基层治理的相关法律法规、政策制度、工作流程等方面,确保服务人员具备扎实的专业基础。同时,还应加强服务意识的培养,让服务人员真正做到以村民为中心,全心全意为村民服务。为了确保服务人员的工作质量,还应建立服务评价机制。通过设立评价标准、收集村民意见等方式,对服务人员进行考核和评价。对于表现优秀的人员,应给予相应的奖励和激励,激发他们的工作热情和积极性。同时,对于表现不佳的人员,应及时进行指导和帮助,促进他们改进工作。

（二）制定和实施村规民约

1. 广泛征求村民意见

在制定村规民约的过程中，村民的参与至关重要。因此，应积极广泛地征求村民的意见和建议，让村民参与到村规民约的制定中来。这不仅可以确保村规民约符合当地实际和村民意愿，还能增强村民对村规民约的认同感和执行力。为了实现这一目标，可以采用多种方式征求村民的意见和建议，如召开村民大会、设立意见箱、进行入户调查等。同时，还可以邀请村民代表参与村规民约的起草和修订工作，让村民的声音直接反映到村规民约中。在制定村规民约的过程中，应注重与村民的沟通和交流，及时解答村民的疑问和困惑。对于村民提出的合理建议和意见，应积极采纳和吸收，不断完善和优化村规民约的内容。通过广泛征求村民的意见和建议，我们可以制定出一份既符合当地实际又反映村民意愿的村规民约，为农村基层治理提供有力保障。这有助于促进农村社会的和谐稳定发展，推动乡村振兴战略的实施。

2. 突出重点内容

村规民约作为农村基层治理的重要工具，应该针对当地实际情况和村民关心的重点问题，有针对性地制定相应的规定和措施。其中，环境保护、社会治安、邻里关系等方面的问题应作为重点内容予以突出。针对环境保护问题，村规民约应规定村民应爱护环境、保护生态，禁止乱扔垃圾、乱排污水等行为。同时，可以鼓励村民参与环保志愿活动，共同维护村庄的生态环境。在社会治安方面，村规民约应强调村民应遵守法律法规、维护社会秩序，禁止违法犯罪行为的发生。同时，应建立健全治安防范机制，加强村庄的治安巡逻和监管，确保村民的生命财产安全。在邻里关系方面，村规民约应倡导团结互助、和睦相处的邻里关系，鼓励村民互相帮助、解决纠纷。同时，应规定村民应尊重他人的权利和利益，不得侵犯他人的合法权益。通过突出重点内容并制定相应的规定和措施，村规民约可以为农村基层治理提供有力的制度保障，促进农村社会的和谐稳定发展。

3. 加强宣传和执行

制定好村规民约后，必须加大宣传和执行力度，确保村民了解和遵守村规民约的内容。可以通过多种方式进行宣传，如张贴宣传海报、发放宣传资料、举办宣传活动等，让村民了解村规民约的重要性和具体规定。同时，应建立健全奖惩机制，对遵守村规民约的村民进行表彰和奖励，对违反村规民约的行为进行惩处和纠正。表彰和奖励可以是物质奖励、荣誉证书等形式，以此激励村民自觉遵守村规民约。而惩处和纠正可以是口头警告、罚款、责令整改等形式，对违反村规民约的行为进行相应的处理。同时，应加强对村规民约执行情况的监督和检查，确保村规民约得到有效执行。此外，建立健全奖惩机制还可以促进村民之间的相互监督和互相约束。通过村民之间的相互监督和提醒，可以及时发现和纠正违反村规民约的行为，促进村庄的整体和谐稳定发展。

三、强化基础设施建设

实施农村改水工程，是保障村民饮水安全的重要举措。针对村内部分村民饮水困难的问题，我们可以采取集中供水、分散供水等多种方式，确保村民能够喝上安全、干净的饮用水。具体来说，可以建设集中式供水工程，将水源地的水引入净化处理设施，经过消毒、过滤等处理后供给村民使用；对于分散式供水工程，可以修建小型水井、水窖等，利用雨水、地表水等作为水源，经过简单的处理后供村民使用。在改水工程实施过程中，应加强对水质的监测和安全管理，确保饮用水质量符合国家标准。实施道路整治工程，是保障村民出行安全的必要措施。针对村庄主要干道、联组路、入户路等不同路段，应采取不同的建设标准。对于主要干道，可以采用沥青或混凝土路面，增强路面的耐久性和防滑性能；对于联组路和入户路，可以采用水泥或石板、青砖、碎石等传统路面材料，根据实际情况选择合适的建设方式。在道路整治过程中，应注重排水设施的建设，防止雨天积水影响道路通行安全。同时，应加强对道路的日常维护和管理，及时修复损坏的路段，确保道路畅通无阻。

除了改水工程和道路整治工程，还可以采取其他措施来改善农村基础设施条件。例如，加强农村电力设施建设，保障电力供应的稳定和安全；推进农村沼气、太阳能等清洁能源的利用，提高农村能源利用效率；加大农村环境卫生整治力度，改善农村卫生条件和生活环境等。这些措施的实施，将有助于提高农村居民的生活质量和幸福感，促进农村社会的可持续发展。为了确保农村基础设施建设的顺利实施，采取一系列保障措施。首先，应加强组织领导和协调配合，建立健全农村基础设施建设的管理体系和运行机制。各级政府应明确责任分工，加强工作指导和督查评估，确保各项措施落到实处。其次，应加大投入力度，拓宽资金来源渠道。政府应加大对农村基础设施建设的投入力度,同时引导社会资本参与农村基础设施建设,形成多元化的投入机制。此外,还应加强技术指导和培训工作。针对不同地区、不同类型的基础设施建设,应组织专业技术人员进行技术指导和培训工作,提高建设质量和效益。

第三章　农村基层建设与治理能力提升的路径选择

第一节　构建现代农村体系，推进农村现代化建设

一、加快推进农村现代化的必要性和必然性

（一）完善城乡发展一体化体制机制是加快农村现代化的核心要义

在乡村治理的深入推进中，完善城乡发展一体化体制机制被赋予了加快农村现代化的核心要义。这一体制机制的创新与构建，不仅关乎农村经济社会的全面进步，更是实现国家现代化战略布局中不可或缺的一环。城乡发展一体化，旨在打破城乡二元结构，促进城乡要素自由流动、平等交换和公共资源均衡配置。这一过程中，体制机制的完善显得尤为关键。它要求我们从顶层设计上统筹规划城乡发展，以制度创新为驱动力，推动城乡在产业发展、基础设施、公共服务、社会管理等方面实现一体化。在产业发展方面，完善城乡发展一体化体制机制要求我们优化农业产业结

构,推动农村一、二、三产业融合发展。通过引入现代科技和管理手段,提升农业生产的科技含量和附加值,同时鼓励农民参与农村旅游、电商等新产业新业态,拓宽增收渠道。此外,还应加强城乡产业协作,引导城市资本、技术、人才等要素向农村流动,助力农村产业升级和经济发展;在基础设施方面,城乡发展一体化体制机制强调城乡基础设施的互联互通和共建共享。这包括推动农村道路、供水、供电、通信等基础设施提档升级,实现与城市基础设施的有效衔接,还应注重农村环境整治和生态保护,提升农村人居环境质量,使城乡居民在基础设施使用上享有同等便利;在公共服务方面,完善城乡发展一体化体制机制要求我们推动城乡公共服务均等化。这意味着加大对农村教育、医疗、文化、体育等公共服务的投入力度,提升服务质量和水平。通过建立健全全民覆盖、普惠共享、城乡一体的公共服务体系,缩小城乡公共服务差距,让农民在家门口就能享受到优质的公共服务;在社会管理方面,城乡发展一体化体制机制强调创新农村社会管理方式。这包括完善农村基层治理体系,加强基层党组织建设,提升村民自治能力和水平,还应推动城市管理资源向农村延伸,引入现代科技手段提高农村社会管理效率,构建和谐稳定的农村社会秩序。

(二)构建新型农业经营体系是加快农村现代化的主要支撑

乡村治理是全面建设社会主义现代化国家的重要环节,构建新型农业经营体系被视为加速农村现代化的核心支柱。农业基本生产关系的优化与创新,直接决定了我国现代农业的发展水平,也对农村现代化进程产生深远影响。全面构建集约化、专业化、组织化、社会化相结合的新型农业经营体系。集约化经营是提高农业效益的关键。通过土地流转、规模经营等方式，推动农业生产向集约化方向发展，有利于提高农业生产效率，降低生产成本，提升农产品竞争力。为此，应加大政策扶持力度，创新金融服务，拓宽农民培训渠道，优化农业科技推广体系，为农业经营体系转型提供有力支持。而专业化经营是提升农业产业水平的基石。鼓励农民专业合作社、家庭农场等专业化经营主体的发展，有利于推动农业产业升级，提高农产品质量，满足消费者多元化需求，应加大对农民专业合作社的扶持力度，提供技术培训、市场推广等方面的支持，帮助农民提高生产经营能力。在这一过程中，建立健全农村基层组织，推进农村社会治理创新，既能提高农民组织化程度，又能增强农村社区凝聚力，应重视农村基层组织建设，加强对村干部的培训和选拔，提高农村基层组织的治理能力。此外，发展农业社会化服务体系，为农民提供产前、产中、产后全程服务，有利于推动农业绿色发展，因而应加大对农业社会化服务体系的投入，鼓励各类经营主体积极参与，形成多元化的服务体系。

（三）壮大特色优势产业是加快农村现代化的动力引擎

产业作为聚集各种生产要素的基础和载体，在经济发展中扮演着至关重要的角色。特别是在农村地区，壮大优势、主导、特色产业不仅能够推动当地经济的快速增长，还能够产生聚集效应和扩散效应，从而引领整个区域的经济腾飞。聚集效应是指通过特色产业的发展,吸引相关产业和企业在空间上的集中布局,形成产业集群。这种集群不仅包括直接从事该产业生产的企业,还包括为其提供原材料、零部件、技术支持、市场服务等配套服务的企业和机构。在农村地区,特色产业的聚集效应往往能够带动当地农业的现代化和工业化进程,提升整个农村地区的经济实力和竞争力。例如,一些农村地区因其独特的土壤和气候条件而适宜种植某种特色水果。随着该水果种植业的不断发展,当地逐渐形成了集种植、采摘、加工、销售于一体的完整产业链。这不仅吸引了大量从事水果种植和加工的农民和企业聚集在一起,还带动了与之相关的包装、物流、农资等配套产业的发展。这些企业和机构的聚集不仅提高了生产效率,降低了成本,还形成了规模效应和品牌效应,使得该地区的水果产业在市场上具有了更强的竞争力。而扩散效应则是指特色产业的发展对周边地区和相关产业产生的积极影响。一方面,特色产业的发展能够带动当地的基础设施建设、公共服务提升和人口聚集,从而改善当地的生产生活环境,吸引更多的人才和企业前来投资兴业。另一方面,特色产业的发展还能够促进相关产业的协同发展,形成产业联动效应。例如,在上述水果种植业的例子中,水果产业的发展不仅带动了当地的农业和食品加工业的发展,还促进了当地旅游业的发展。游客们纷纷前来品尝美味的水果、欣赏美丽的田园风光,为当地带来了可观的旅游收入。

（四）建设田园化生态型村庄是加快农村现代化的物质载体

现代化村庄建设是当下乡村振兴战略的重要组成部分，其建设形式应以生产力水平和生产关系为基础，旨在为居民提供设施功能完善且高水平高效率的公共服务，同时融合地域特色与田园风格，打造生态型民居。这样的村庄建设不仅是对农村生产生活条件的改善，更是对农村可持续发展能力的提升。在现代化村庄建设中，生产力水平和生产关系是决定建设形式的基础。生产力水平的高低直接决定了村庄建设的规模和速度，而生产关系的和谐与否则影响着村庄建设的稳定性和持续性。因此，在建设过程中，必须充分考虑当地的生产力水平和生产关系状况，确保建设形式与之相适应。而公共服务设施的完善是现代化村庄建设的重要目标之一。这包括道路、供水、供电、通信、卫生等基础设施的建设，以及教育、文化、医疗等社会事业的发展。只有公共服务设施得到完善，才能满足居民日益增长的生活需求，提升他们的生活品质和幸福感。同时，高水平高效率的公共服务还能吸引更多的人才和企业来到农村，推动农村经济的繁荣发展。

（五）建立网络化农村治理模式是加快农村现代化的重要保障

1. 提升农村治理效率，促进资源优化配置

网络化农村治理模式的核心在于运用现代信息技术手段，将

传统的农村治理模式转型升级为高效、便捷、透明的网络化管理。通过网络平台的建设和应用,农村地区的各类信息得以实时更新和共享,有效解决了信息不对称、传递不畅等问题。这种治理模式使得政府决策更加科学合理,能够快速响应农村地区的实际需求,提供精准化的服务。

例如,在农业生产方面,网络化治理模式可以助力实现精准农业。通过收集和分析土壤、气候、作物生长等数据,为农民提供个性化的种植建议,提高农业生产效率。在公共服务领域,网络化治理模式能够推动教育、医疗、文化等资源向农村地区延伸,缩小城乡差距,提升农村居民的生活品质。

2. 拓展农村经济发展空间,助力乡村振兴战略

网络化农村治理模式为农村地区的经济发展注入了新的活力。通过网络平台的建设和运营,农村地区可以更加便捷地与外界进行交流和合作,拓展市场空间、吸引投资。同时,网络化治理模式还能够推动农村地区的产业升级和结构调整,培育新的经济增长点。

例如,在电子商务领域,网络化治理模式为农村电商的发展提供了有力支撑。通过搭建电商平台、完善物流体系等措施,农村地区可以将特色农产品销往全国各地乃至海外市场,实现增收致富。在旅游产业方面,网络化治理模式有助于提升农村地区的旅游品牌影响力和吸引力,推动乡村旅游的快速发展。

（六）提高农民群众幸福指数是加快农村现代化的根本落脚点

1. 提升农民物质生活水平，夯实农村现代化基础

物质生活的富足是提升农民幸福指数的基础。农村现代化首先要解决的就是农民的生产生活问题，确保他们能够获得稳定且持续增长的收入，享受与城市居民相当的生活水平。通过推广现代农业技术、优化农业产业结构、拓展农产品市场等措施，可以提高农业生产效率，增加农民收入来源。同时，加强农村基础设施建设，改善农民居住条件，提供便捷的教育、医疗等公共服务，也是提升农民物质生活水平的重要途径。

2. 丰富农民精神文化生活，塑造农村现代化新风貌

精神文化生活的丰富是提升农民幸福指数的重要方面。随着物质生活水平的提升，农民对精神文化生活的需求也日益增长。因此，加快农村现代化进程必须注重满足农民的精神文化需求，提供多样化的文化产品和服务。通过建设农村文化设施、开展文化活动、传承和发展农村优秀传统文化等措施，可以丰富农民的精神文化生活。这些活动不仅可以愉悦身心、陶冶情操，还可以增进农民之间的交流与合作，增强农村社会的凝聚力和向心力。同时，现代文化元素的注入也可以激发农民的创造力和创新精神，推动农村社会更加开放、包容和进步。

3. 促进社会公平正义与和谐稳定，营造农村现代化良好环境

社会公平正义与和谐稳定是提升农民幸福指数的重要保障。

农村现代化进程中,必须注重保障农民的合法权益,促进社会公平正义。通过完善农村法律体系、加大执法力度、推进土地制度改革等措施,可以确保农民在土地、劳动、社会保障等方面的权益得到充分保障。同时,加强农村社会治安综合治理,打击违法犯罪行为,维护农村社会和谐稳定,也是提升农民幸福指数的重要方面。当农民的权益得到充分保障、农村社会和谐稳定时,农民将更加积极地参与到农村现代化建设中来。他们将更加信任和支持政府的工作,更加愿意为农村社会的发展贡献自己的力量。同时,一个公平正义、和谐稳定的社会环境也将吸引更多的人才和资源投入到农村现代化进程中来,推动农村社会实现更加全面、协调、可持续的发展。

二、农村现代化的发展方向、发展目标与意义

(一)农村现代化的发展方向与目标

1. 农业现代化

农业现代化作为农村现代化的基础和核心,是推动农村地区经济社会发展的关键所在。它不仅仅意味着农业生产方式的转变,更代表着农业生产效率、质量以及整个农业产业链的全面提升。要实现农业现代化,首要任务就是积极推广先进的农业技术和装备。这包括引进适合当地条件的农业机械设备,推广高效节水灌溉技术,以及应用生物技术等手段改良作物品种。通过这些措施,可以极大地提高农业生产的自动化和智能化水平,减少人力

成本,增加单位面积产量,从而显著提升农业生产的整体效益。与此同时,农业现代化还强调农业产业结构的优化和升级。传统的农业生产往往局限于单一的粮食作物种植,而现代农业则更加注重多元化、特色化的发展。例如,发展绿色农业和有机农业等新型农业模式,不仅可以满足市场对高品质、健康食品的需求,还能为农民开辟新的收入来源,提高他们的经济收入和生活水平。

2. 农村基础设施现代化

农村基础设施现代化是推动农村全面发展的关键一环,它涉及农村道路、桥梁、水利、电力、通信等多个方面,是农村地区经济社会发展的重要支撑。

在道路和桥梁建设方面,农村基础设施现代化意味着要建设更加便捷、安全的交通网络。通过新建和改造农村公路,提升道路等级和通行能力,使得农产品能够更快速地运往市场,农民能够更加便捷地出行。同时,加强桥梁建设,确保农村地区的交通畅通无阻,为农村地区的经济发展提供有力保障。

在水利建设方面,农村基础设施现代化要求加强农田水利设施建设,提高农田灌溉效率和抗旱能力。通过修建水库、水渠等水利设施,确保农田得到充足的水源供应,为农业生产提供稳定的水资源保障。这不仅可以提高农业产量,还可以改善农村生态环境,促进农村可持续发展。

在电力和通信方面,农村基础设施现代化意味着要建设更加完善、高效的电力和通信网络。通过加强农村电网建设和改造,增强农村供电可靠性和稳定性,满足农村地区不断增长的电力需求。

同时,推动农村通信网络建设,提升农村地区的通信水平,使得农民能够享受到更加便捷的通信服务,促进农村信息化发展。

3. 农村社会现代化

农村社会现代化是全面建设社会主义现代化国家的重要一环,它涉及农村社会事业的全面发展,旨在提高农村公共服务水平,促进农村社会和谐稳定。

在教育方面,农村社会现代化要求加强农村教育事业的发展,提高农村教育质量和水平。通过加大教育资源投入,改善农村学校办学条件,提升教师队伍素质,推动农村教育公平而有质量的发展。这不仅可以为农村孩子提供更好的教育机会,还可以为农村地区的长远发展培养更多的人才。

在医疗方面,农村社会现代化意味着要完善农村医疗卫生服务体系,提高农村医疗服务水平。通过加强农村基层医疗卫生机构建设,增加医疗设备投入,提高医务人员技术水平,推动农村医疗服务能力的提升。这将有助于解决农民看病难、看病贵的问题,保障农民的健康权益。

在文化和体育方面,农村社会现代化要求加强农村文化和体育设施建设,丰富农民的精神文化生活。通过建设文化活动室、图书馆、体育健身设施等,为农民提供多样化的文化体育服务,满足他们的精神文化需求,提升他们的生活品质和幸福感。同时,农村社会现代化还强调加强农村社会治理体系和治理能力现代化建设。这包括完善农村社会管理制度,推动农村社会管理创新,增强农村社会管理的科学性和有效性。通过加强基层党组织建设,发挥村民自治组织的作用,推动农村社会管理的民主化、法治化进程,维护农村社会的和谐稳定。

4. 农村生态现代化

农村生态现代化是当前社会发展的重要议题,它要求我们在推动农村经济发展的同时,注重生态环境的保护和改善,实现农村经济与生态环境的协调发展。

坚持绿色发展理念是农村生态现代化的核心。这意味着在农业生产、农村建设等各个环节中,都要注重资源节约、环境友好,推动绿色发展方式的形成。通过推广节能技术、优化资源配置、减少污染排放等措施,降低农业生产对环境的压力,保护农村生态环境。

加强农村生态环境保护是农村生态现代化的重要任务。这包括加强农村环境监测和评估,建立健全农村生态环境保护机制,严格执行环保法规和政策。同时,推动农村生态修复和环境治理,对于已经受到破坏的生态环境进行积极修复,提高农村环境的整体质量。

发展循环经济和生态农业。通过循环利用农业废弃物、推广有机肥料和生物农药等环保农业技术,减少农业生产对化学品的依赖,增强农业生产的可持续性。同时,发展生态农业还可以促进农业生态系统的平衡和稳定,提高农业抵御自然灾害的能力。

推广清洁能源和可再生能源也是农村生态现代化的重要举措。通过发展太阳能、风能等可再生能源,替代传统的化石能源,减少农村地区的碳排放和环境污染。这不仅可以降低农村地区的能源成本，还可以为农村地区提供可持续的能源保障。

5. 农民现代化

农民现代化是推动农村现代化进程中的关键因素，它着眼于提高农民的素质和能力，培养适应现代农业发展需要的新型职业农民和现代农业经营者。

为了实现农民现代化，首要任务是加强农民教育和培训。这包括普及农业科技知识，提升农民的农业生产技能，以及加强农民的市场经营能力培训。通过组织各种形式的培训班、现场教学活动等，使农民掌握现代农业技术和管理知识，提高他们的农业生产效率和市场竞争力。除了农业技能培训，农民现代化还注重提高农民的科技文化水平。这包括推广农村信息化技术，使农民能够利用互联网等现代信息技术获取农业信息、学习农业知识、交流农业经验。通过科技文化的普及，农民可以更好地了解现代农业发展趋势，把握市场机遇，实现农业生产与市场的有效对接。同时，农民现代化也强调推动农民思想观念和生活方式的现代化转变。这要求我们在加强物质文明建设的同时，注重提升农民的精神文明素质。通过倡导科学、文明、健康的生活方式，引导农民摒弃陈规陋习，树立现代文明意识，提高他们的生活品质和幸福感。

（二）加快农村现代化的意义

1. 加快农业农村现代化是形成新型工农城乡关系的客观要求

（1）加快农业农村现代化是形成新型工农城乡关系的客观要求。习近平总书记强调，在现代化进程中，如何处理好工农关系、城乡关系，在一定程度上决定着现代化的成败。现阶段，城乡发展不平衡、农村发展不充分仍是社会主要矛盾的主要体现，农业农村仍是社会主义现代化建设的突出短板。与快速推进的工业化、城镇化相比，农业农村发展步伐还跟不上，城乡要素交换不平等、基础设施和公共服务差距明显，"一条腿长、一条腿短"的问题比较突出。必须加快农业农村现代化，强化以工补农、以城带乡，投入更多的资源和力量优先发展农业农村，确保在现代化进程中农业农村不掉队、同步赶上来，实现新型工业化、信息化、城镇化、农业现代化同步发展。

(2)加快农业农村现代化是构建新发展格局的必然选择。构建新发展格局最本质的特征是实现高水平的自立自强，加快科技自主创新是重中之重。只有把农业农村搞上去，把粮食安全基础巩固好，切实保障粮食等重要农产品有效供给和质量安全，才能把牢国家经济安全阀门。同时要看到，农业农村是我国经济体系的重要一环，也是国内国际双循环的重要组成部分。畅通国内大循环和国内国际双循环血脉的关键环节就是农业农村。只有农业强起来、农村美起来、农民富起来，才能更好地满足人民日益增长的美好生活需要。

2. 加快农业农村现代化是社会主义现代化建设的重大任务

要坚持以科技创新为引领，深化农业供给侧结构性改革，构建现代农业产业体系、生产体系和经营体系。通过推广绿色高效种植养殖技术，发展多种形式适度规模经营，提高农产品质量效益和市场竞争力，确保国家粮食安全和重要农产品有效供给。同时，充分挖掘农业多种功能，促进农村一二三产业深度融合，培育壮大乡村新产业新业态，拓宽农民增收渠道，激发农业农村内生动力。要持续加大农村基础设施建设投入力度，而道路、供水、供电、网络等基础设施建设是农村不可或缺的必要条件，应着力改善农村生产生活条件。同时，推进基本公共服务均等化，优化教育、医疗、文化等资源在城乡间的配置，让广大农民共享现代化建设成果，不断提升农村居民的生活品质。而加快农业农村现代化也离不开农村治理体系和治理能力的现代化。需进一步完善乡村治理体系，强化基层党组织领导核心作用，健全村民自治机制，落实“四议两公开”制度，保障农民民主权利。同时，深入推进法治乡村建设，提高农民法治素养，建立健全农村矛盾纠纷多元化解机制，维护农村社会和谐稳定。要遵循绿水青山就是金山银山的理念，实施乡村振兴战略，以绿色发展为导向，加强农村环境整治，严格保护耕地和水资源，推行农业绿色发展模式，将生态优势转化为经济发展优势，努力打造人与自然和谐共生的美丽宜居乡村。在这一过程中，要着重于重视农民主体地位的确立与农民全面发展。尊重农民意愿，保障农民权益，通过教育培训、政策扶持等方式，提升农民素质，提高农民就业创业能力，促进农民从传统农民向新型职业农民转变。同时，建立健全覆盖广泛、保障有力的农村社会保障体系，缩小城乡差距，使农民在全面实现农业农村现代化过程中获取成就感、幸福感、安全感。

3. 加快农业农村现代化是做好新时代“三农”工作的核心目标

聚焦农业高质量发展是加快农业农村现代化的基础，必须坚持创新驱动，依托现代农业科技，优化农业生产结构和区域布局，提升农产品质量和安全水平，确保粮食安全和重要农产品有效供给。同时，推进农业绿色转型，推广资源节约型、环境友好型的现代农业生产方式，实现农业可持续发展。此外，要积极引导和培育新型经营主体，创新农业社会化服务体系，完善现代农业产业体系、生产体系和经营体系，为农民增收致富拓宽渠道，也为农业农村现代化注入新的活力。这就要加大对农村基础设施的投资力度，改善农村交通、水利、电力、通信等条件，消除制约农村发展的瓶颈，积极推动基本公共服务向农村延伸，提高农村教育、医疗、养老等社会服务水平，缩小城乡差距，使广大农民在共享经济社会发展成果的同时，享有更加优质的生活服务保障。应进一步强化农村基层党组织建设，健全和完善村民自治制度，充分调动农民参与乡村治理的积极性，构建共建共治共享的乡村治理格局。同时，加强法治乡村建设，提升农村社会治理法治化水平，建立健全矛盾纠纷多元化解机制，维护农村和谐稳定的社会秩序。

三、农村现代化的实现路径

（一）完善城乡一体化发展的体制机制，为农村现代化添翼助力

城乡一体化发展是我国现代化进程中的重要战略，旨在打破城乡二元结构，促进城乡资源要素的自由流动和优化配置，实现城乡经济社会协调发展。这一战略的实施，对于推动农村现代化、缩小城乡差距、实现共同富裕具有重要意义。而完善城乡一体化发

展的体制机制，则是实现这一目标的关键所在。长期以来，我国城乡之间存在着明显的制度差异，如户籍制度、土地制度、社会保障制度等，这些制度限制了城乡资源要素的自由流动，阻碍了城乡一体化发展。因此，必须深化制度改革，打破这些制度壁垒，为城乡一体化发展创造制度条件。例如，可以推进户籍制度改革，放宽农民进城落户的条件，促进农民市民化；深化土地制度改革，推动农村集体经营性建设用地入市，增加农民土地财产性收入；完善社会保障制度，将农民工纳入城市社会保障体系，保障他们的合法权益。而市场机制是实现资源优化配置的有效手段，也是推动城乡一体化发展的重要力量。因此，在完善城乡一体化发展的体制机制中，要充分发挥市场机制的作用，促进城乡资源要素的市场化配置。例如，可以建立城乡统一的建设用地市场，推动土地资源的优化配置；加强城乡劳动力市场建设，促进劳动力资源的自由流动和合理配置；推动农村金融市场发展，为农村经济发展提供金融支持。同时，政府在城乡一体化发展中发挥着重要作用，不断推动着城乡协调发展。例如，可以制定和实施一系列有利于城乡一体化发展的政策措施，如产业政策、财政政策、金融政策等；加强城乡规划和管理，推动城乡空间布局的优化和协调发展；加大对农村地区的投入力度，提升农村基础设施和公共服务水平。通过政府的引导和推动作用，可以促进城乡一体化发展的顺利推进。

（二）构建新型农业基本经营体系，助推现代农业跨越发展

新型农业基本经营体系的构建，首先实现农业资源的适度集

中。在现代农业中,资源的适度集中是实现规模化经营和提高农业生产效率的基础。这包括土地资源的集中、资金的集中、技术的集中等方面。通过土地流转、股份合作等方式,可以将分散的土地资源集中起来,形成连片经营的规模效应;通过政策扶持和金融创新,可以引导社会资本进入农业领域,为农业发展提供资金保障;通过农业技术推广和示范引领,可以将先进的农业技术应用到生产实践中,提高农业生产的技术含量。而新型农业基本经营体系的构建相应的经营体制与之配套,这包括农业经营主体的培育、农业社会化服务体系的完善、农业市场体系的健全等方面。通过培育专业大户、家庭农场、农民合作社、农业社会化服务组织等新型农业经营主体,可以推动现代农业的集约化、专业化、组织化、社会化发展;通过完善农业社会化服务体系,可以为农业生产提供全方位、全过程的服务保障;通过健全农业市场体系,可以实现农产品的顺畅流通和价值的充分实现。

在现代农业中,生产要素的重组与配置是实现农业生产方式转变和提高农业生产效益的关键。这包括劳动力的重组与配置、资本的重组与配置、技术的重组与配置等方面。通过劳动力的转移和培训,可以将传统的农业劳动力转变为新型的职业农民;通过资本的引入和整合,可以为农业发展提供持续的资金支持;通过技术的创新和推广,可以推动农业生产的科技进步和产业升级。而生产关系的转型是实现农业现代化和乡村振兴的必然要求,这包括农业生产关系的调整、农业经营方式的创新、农业管理体制的改革等方面。通过调整农业生产关系,可以构建更加和谐、稳定的农业生产环境;通过创新农业经营方式,可以探索更加适合现代农业发展的经营模式;通过改革农业管理体制,可以打破制约农业发展的体制机制障碍。

(三)以"园区"为载体,加快农村三次产业融合发展

在当前我国农村经济发展的关键时期,推动农村一、二、三产业融合发展,是实施乡村振兴战略、加快推进农业农村现代化的重要举措。园区作为集聚产业要素、促进产业协作的重要平台,在推动农村产业融合发展中具有得天独厚的优势。因此,以园区为载体,加快农村三次产业融合发展,对于构建现代农业产业体系、促进农民持续增收、加快实现农业农村现代化具有重要意义。农村三次产业融合发展,是指在农业生产的基础上,通过延伸产业链条、拓展产业功能、提升产业层次,实现农业与二三产业的交叉融合、相互依存、相互促进。这种融合发展模式,可以有效打破农村产业之间的界限,促进资源要素在产业之间的自由流动和优化配置,提高农业生产效益和竞争力。而园区作为推动农村三次产业融合发展的重要载体,具有多方面的优势。首先,园区可以集聚各类产业要素,包括土地、资金、技术、人才等,为农村产业发展提供有力支撑。其次,园区可以促进产业协作和配套,推动农业产业链上下游环节的有机衔接,形成紧密的产业链条和产业集群。此外,园区还可以发挥示范引领作用,通过引进新技术、新模式、新业态,带动周边地区农业产业的转型升级和提质增效。

在推动农村三次产业融合发展的过程中,园区应充分发挥自身优势,采取切实有效的措施,要科学规划园区布局,明确主导产业和辅助产业,形成合理的产业结构和空间布局。在具体实践中,

各地应结合自身实际,积极探索适合本地特色的农村三次产业融合发展模式。例如,可以依托当地农业资源优势,发展特色农业产业园区,推动农业与旅游、文化、教育等产业的深度融合;也可以利用现有工业基础,发展农产品加工产业园区,延长产业链条,提高产品附加值;还可以借助现代信息技术手段,发展农村电子商务产业园区,拓宽农产品销售渠道,提升品牌影响力。

(四)增加农民的人力资本投资,培育现代化新型职业农民

1. 增加农村教育和培训投入,提升农民综合素质

(1)完善农村教育体系,确保各类人群都能享受到优质的教育资源。这需要建立健全覆盖基础教育、职业教育和成人教育等各个领域的教育体系。首先,基础教育是农村孩子成长的起点,也是他们未来能否融入社会、参与竞争的关键。因此,必须加大对农村基础教育的投入,优化教育资源配置,提高农村学校的师资力量和教学水平。具体来说,可以通过实施师范生免费教育、特岗教师计划等政策,鼓励更多优秀人才到农村任教;同时,加强农村教师的在职培训和继续教育,提高他们的专业素养和教育教学能力。此外,还要注重改善农村学校的办学条件,如建设标准化校舍、配备现代化教学设备等,为农村孩子提供良好的学习环境。

(2)在职业教育方面,针对农民的实际需求,开展各类职业技能培训。这些培训应该紧密结合农村产业发展和市场需求,涵盖农业技术、农产品加工、农村电商等领域。通过培训,帮助农民掌

握一技之长，提高他们的就业能力和致富本领。同时，还要注重培养农民的创新创业精神，引导他们积极参与农村产业融合发展，拓展增收渠道。为了实现这一目标，可以加强与高校、职业院校等机构的合作，引入优质的教育资源；同时，结合农民的学习特点和需求，采用灵活多样的培训方式，如集中授课、现场指导、网络教育等，确保培训效果。

(3)成人教育也是农村教育体系的重要组成部分。针对成年人的学习特点和需求，可以开展文化知识补习、职业技能提升、经营管理培训等多元化的教育培训活动。这些活动旨在帮助成年人提高自身素质和能力，更好地适应农村现代化发展的需要。同时，还要注重发挥成人教育在文化传承、社会服务等方面的功能，推动农村社会的全面进步。

(4)加强现代农业知识的推广和普及。这可以通过农业技术推广机构、农业院校等渠道来实现。向农民普及新品种、新技术、新装备等现代农业知识，引导他们转变传统观念，树立现代农业理念。同时，还要注重培养农民的科学素养和环保意识，提高他们的农业生产效率和质量安全水平。为了实现这一目标，可以加强与农业科研机构的合作，引入最新的农业科研成果；同时，结合农民的实际需求和接受能力，采用通俗易懂的方式进行推广和普及。

2. 构建新型职业农民培育体系，培养现代化农业人才

(1)明确新型职业农民的培育目标。这是构建新型职业农民培育体系的前提和基础。根据现代农业和农村发展的需要，新型职业农民的培育目标应该包括两个方面：一是培养具备现代农业知识和技能的专业人才。这类人才应该掌握先进的农业技术，了解农产品市场动态，能够运用现代科技手段提高农业生产效率。二是培养具备创新能力和市场竞争意识的农业经营人才。这类人才应该具备敏锐的市场洞察力，善于把握市场机遇，能够创新农业经营模式，提高农业经营效益。只有明确了培育目标，我们才能有针对性地开展培育工作，确保培育出符合现代农业发展需要的新型职业农民。

(2)完善新型职业农民的培育机制。这是构建新型职业农民培育体系的核心和关键。新型职业农民的培育涉及政府、社会、市场等多个方面，需要各方面共同参与、协同推进。具体来说，一是要建立政府主导的培育机制。政府加大对新型职业农民培育的投入，提供政策支持和资金保障，引导社会资源向新型职业农民培育领域倾斜。同时，政府还加强组织协调，整合各方资源，形成工作合力。二是要鼓励社会参与。社会各界要积极参与新型职业农民的培育工作，提供教育资源、培训机会等支持。特别是农业院校、科研机构等要发挥自身优势，为新型职业农民培育提供智力支持和技术支撑。三是要发挥市场的基础性作用。市场是资源配置的重要手段，也是新型职业农民培育的重要平台。通过市场化手段引导农民向现代农业领域转移，推动农业生产与市场需求有效对接。

(3)创新新型职业农民的培育模式。这是构建新型职业农民培育体系的重要环节。传统的农民培育模式已经难以适应现代农业发展的需要，创新培育模式，提高培育效果。具体来说，一是要采用线上线下相结合的方式。我们可以利用互联网等现代信息技术手段,开展在线教育培训活动,方便农民随时随地学习。同时,我们也要注重线下实践教学,让农民在实践中掌握知识和技能。二是要注重实践教学。实践教学是农民培育的重要环节,也是提高农民实际操作能力的有效途径。通过建立实践教学基地、开展田间课堂等方式,让农民在实践中学习、在学习中实践。三是要开展灵活多样的教育培训活动。我们可以根据农民的实际需求和接受能力,开展不同层次、不同类型的教育培训活动,如集中授课、现场指导、网络教育等,确保农民能够真正学到知识、掌握技能。

3. 优化农村发展环境,吸引和留住人才

(1)加强农村基础设施建设,为人才流动和聚集创造便利条件。农村地区的基础设施建设水平直接关系着人才的生活质量和工作效率。当前,一些农村地区的基础设施仍然相对落后,交通不便、水利设施老化、电力供应不足等问题屡见不鲜。这些问题不仅影响了农民的生产生活,也制约了人才向农村地区的流动。因此,我们必须加大对农村基础设施建设的投入,全面提升农村地区的基础设施水平。要优先解决交通瓶颈问题,构建便捷高效的农村交通网络,缩短城乡之间的时空距离。同时,加强水利设施建设,确保农田灌溉和农村供水安全。此外,还要提升电力、通信等基础设施的覆盖范围和服务质量,满足农村地区日益增长的能源和通信需求。

(2)满足人才基本生活需求为出发点,建立健全农村的公共服务体系。教育是人才培养的基石,加大对农村教育的投入,提高农村学校的办学条件和师资水平,为农村孩子提供优质的教育资源。同时，要完善农村医疗卫生体系，加强乡镇卫生院和村卫生室建设，提高基层医疗服务能力，让农民在家门口就能享受到优质的医疗服务。此外，还加强农村文化体育设施建设，丰富农民的精神文化生活，提升农民的文化素养和身体素质。通过这些措施，我们可以为人才在农村地区的生活和工作提供有力的保障。

(3)加强生态环境保护，为人才营造一个健康舒适的生活环境。随着工业化和城镇化的快速推进，一些农村地区的生态环境遭到了不同程度的破坏。环境污染、生态退化等问题日益严重，这不仅影响了农民的生活质量，也制约了农村地区的可持续发展。因此，我们必须把生态环境保护放在突出位置，坚持绿色发展理念，推动农村经济与生态环境的协调发展。加强农村环境综合整治，治理农村生活垃圾和污水污染，改善村容村貌。同时，要推广生态农业和循环农业模式，减少农业面源污染。此外，还加强森林资源和水资源保护，构建生态安全屏障。通过这些措施，我们可以为人才提供一个山清水秀、宜居宜业的农村环境。

第二节　促进社会协同，激发社会活力

一、促进社会协同

在农村地区，基层治理体系承载着连接政府、市场和社会的重要功能。它不仅是农村社会稳定和发展的基石，更是实现乡村振兴战略的关键环节。加强农村基层建设与治理，对于优化资源配置、协调各方利益关系、促进政府、市场和社会的良性互动具有深

远的意义。首先,农村基层建设与治理的加强有助于更好地整合和优化资源配置。在农业技术推广方面,基层组织可以积极引进先进的农业技术和设备,提高农业生产效率,增加农民收入。同时,基层组织还可以通过与科研机构、高校等的合作,引入先进的农业科技成果,推动农业现代化进程。在基础设施建设方面,基层组织可以引导政府、企业和社会资本投入,共同推进农村基础设施建设,提高农村公共服务水平。其次,加强农村基层建设与治理可以更好地协调各方利益关系。在农业技术推广和基础设施建设等项目中,往往涉及政府、企业和农民等多个利益相关方。基层组织可以发挥其桥梁和纽带作用,通过有效的沟通和协调,平衡各方利益诉求,确保项目的顺利实施。例如,在基础设施建设过程中,基层组织可以协调政府、施工单位和村民之间的关系,确保工程的顺利进行。最后,加强农村基层建设与治理可以促进政府、市场和社会的良性互动。在传统的治理模式下,政府往往承担着过多的责任和压力。通过加强基层建设与治理,可以引导市场和社会力量更多地参与到农村发展中来。例如,在农业技术推广方面,基层组织可以引入市场化运作模式,通过与企业合作,推广先进的农业技术,实现政府、市场和社会的共赢。

二、激发社会活力

(一)推进农业现代化

随着现代化进程的不断推进,农业现代化已成为乡村振兴战略的重要支撑。而基层治理的优化则为农业现代化提供了更好的政策环境和公共服务，为农业转型升级注入了新的动力。首先，基层治理的优化可以为农业现代化提供更加稳定的政策环境。在农业现代化进程中，政策的稳定性和连续性是至关重要的。基层治理的优化可以确保政策的制定更加科学、合理，减少政策的不确定性和波动性。同时，基层治理的优化还可以加强政策宣传和解读，使农民更好地了解和掌握相关政策，增强其对农业现代化的信心和决心。其次，基层治理的优化可以为农业现代化提供更加完善的公共服务。农业现代化一系列的公共服务支持，如农业技术推广、农产品质量检测、农业保险等。基层治理的优化可以整合各类资源，提高公共服务的质量和效率。例如，基层组织可以组织农业技术培训和指导，帮助农民掌握先进的农业技术和方法；可以建立农产品质量检测体系，确保农产品的质量和安全；可以与保险公司合作，推出适合农民需求的农业保险产品，降低农业生产的风险。此外，基层治理的优化还可以促进农业产业结构的调整和优化。随着市场需求的变化和技术的进步，农业产业结构也不断地调整和升级。基层治理的优化可以引导农民根据市场需求调整种植结构，发展特色农业和绿色农业；可以鼓励农民采用先进的农业技术和设备，提高农业生产效率和产品质量；还可以推动农业产业链的延伸和完善，促进农业与二、三产业的融合发展。

（二）培育农村市场主体

基层治理体系在培育和引导农村市场主体、促进农村经济多元化发展方面具有重要作用。通过优化基层治理体系，可以创造一个良好的营商环境，激发农村市场的活力，引导更多的资源流向农村地区,促进农村经济的多元化发展。首先,基层治理体系可以提供更加规范的市场监管和服务。在农村市场的发展过程中,市场监管和服务是至关重要的。基层治理体系可以建立健全的市场监管机制,规范市场行为,维护市场秩序。同时,基层治理体系还可以提供一系列的市场服务,如政策咨询、信息发布、技术指导等,帮助市场主体更好地适应市场变化,提高市场竞争力。其次,基层治理体系可以引导社会资本投入农村市场。在农村经济的发展过程中,资本的投入是关键的制约因素之一。基层治理体系可以通过制定优惠政策、搭建投融资平台等方式,引导社会资本流向农村市场。这不仅可以缓解农村经济发展的资金瓶颈,还可以带动更多的资源进入农村地区,促进农村经济的多元化发展。此外,基层治理体系还可以促进农业产业链的完善和延伸。农业产业链的完善和延伸是促进农村经济多元化发展的重要途径。基层治理体系可以引导市场主体在农业产业链的不同环节进行投资和发展,如农产品加工、物流配送、销售渠道拓展等。这不仅可以提高农产品的附加值和市场竞争力,还可以带动相关产业的发展,形成多元化的农村经济格局。

(三)提升乡村软实力

在乡村振兴战略中,文化软实力是乡村发展的重要支撑。基层治理通过文化建设、教育普及等途径,可以有效提升乡村的文化软实力,进一步增强乡村的内聚力和吸引力。文化建设是基层治理提升乡村文化软实力的重要手段之一。乡村文化是乡村历史、传统、风俗等方面的集中体现,是乡村人民的共同精神财富。通过文化建设,可以保护和传承乡村文化,增强乡村人民的归属感和自豪感。例如,基层组织可以组织文化活动,如文艺演出、民俗展示等,让乡村人民更加深入地了解和体验自己的文化;可以建设文化设施,如图书馆、博物馆等,为乡村人民提供更好的文化学习和交流平台;还可以发掘和培育乡村文化人才,为乡村文化的传承和发展注入新的活力。教育普及也是基层治理提升乡村文化软实力的重要途径。教育是提高乡村人民素质和能力的关键,通过教育普及可以增强乡村人民的文化素养和创造力。基层组织可以推动乡村教育的均衡发展,提高乡村学校的教育质量和师资水平;可以开展多样化的教育活动,如科普讲座、技能培训等,提高乡村人民的知识水平和就业能力;还可以引导和支持乡村人民参与继续教育和终身学习,促进乡村人民的全面发展。一个具有深厚文化底蕴、高素质的乡村,自然会吸引更多的人才、资金和技术流入,进一步促进乡村的经济发展和社会进步。同时,文化软实力的提升还能够增强乡村的内聚力,使乡村人民更加团结、和谐,共同为乡村振兴贡献力量。

三、创新基层治理模式

(一)搭建参与平台

在创新基层治理模式的过程中,搭建一个多方参与的平台是至关重要的。这个平台不仅是一个交流信息的渠道,更是一个共同解决问题的平台。通过这个平台,政府、企业、社会组织、村民等各利益相关方可以充分地参与到乡村治理中,共同为乡村的发展出谋划策。首先,这个平台应该能够吸引各利益相关方的积极参与。政府可以通过这个平台了解村民的需求和意见,制定更加符合实际的发展政策;企业可以通过这个平台了解乡村的资源和优势,寻找投资和合作的机遇;社会组织可以通过这个平台发挥专业优势,为乡村提供更多的公益服务;村民则可以通过这个平台表达自己的诉求和意见,参与到乡村治理的决策中。其次,这个平台应该能够促进信息的交流和共享。在乡村治理中,信息的流通是非常重要的。通过这个平台,各利益相关方可以及时地获取乡村的最新动态和政策信息,了解其他方的需求和资源,从而更好地协调和配合。同时,这个平台还可以促进信息的共享,让各利益相关方共同拥有乡村发展的信息和数据,为决策提供更加科学和准确的数据支持。最后,这个平台应该能够促进问题的共同解决。在乡村治理中,难免会遇到各种各样的问题和挑战。通过这个平台,各利益相关方可以共同探讨和协商问题的解决方案,集思广益、互相支持。这样的平台不仅可以提高问题解决的效率和质量,还可以增强各方的凝聚力和向心力,共同为乡村的发展贡献力量。为了确保每个人都有发声的机会,平台的形式可以多样化。线上社区可以提供一个全天候的交流平台,让各利益相关方随时随地发布意见和交流信息;村民大会可以定期举行,让村民们面对面地交流和协商;座谈会则可以针对特定的问题或主题进行深入的探讨和讨论。通过这些形式多样的平台,可以确保每个人都有机会参与到乡村治理中,为乡村的发展贡献自己的智慧和力量。

(二)推广信息化技术应用

随着信息化技术的飞速发展,它已经深入到我们生活的方方面面,为基层治理提供了前所未有的机遇。通过推广信息化技术的应用,基层治理可以实现智能化、高效化,为乡村发展注入新的活力。首先,信息化技术为基层治理提供了大数据支持。通过大数据的收集、分析和挖掘,我们可以更加全面地了解乡村的发展状况、村民的需求和意见。例如,利用大数据进行舆情监测和分析,可以及时掌握村民的诉求和意见,为决策提供数据支持。这不仅可以增强决策的科学性和准确性,还可以避免因为信息不对称而导致的决策失误。其次,信息化技术可以提高公共服务的效率和质量。通过云计算和物联网等技术,我们可以实现公共资源的智能化管理,提高资源的使用效率。例如,利用云计算技术,可以实现村级财务管理的智能化和规范化,提高财务管理水平;利用物联网技术,可以实现农业生产的智能化和精细化,提高农业生产效益。这些技术的应用不仅可以提高公共服务的效率和质量,还可以为乡村发展带来更多的机遇和效益。最后,信息化技术可以让村民更加便捷地参与治理过程。通过移动应用、社交媒体等平台,村民可以随时随地发表自己的意见和诉求,参与到乡村治理的决策中。例如,利用移动应用进行民意调查和投票,可以让村民更加便捷地表达自己的意见;利用社交媒体进行信息传播和交流,可以让村民更加深入地参与到乡村事务的讨论中。这些技术的应用不仅可以提高村民的参与度和满意度,还可以增强乡村社会的凝聚力和向心力。

(三)持续改进和优化治理模式

基层治理是一个持续改进和优化的过程,它不是一蹴而就的,而是不断地进行调整和完善。在实施新的治理模式后,不断地收集反馈和评估效果,了解治理模式的优点和不足,针对存在的问题进行改进和优化。首先,建立有效的反馈机制,让村民能够随时向我们反映问题和意见。这可以通过设立反馈箱、开展问卷调查、组织座谈会等方式实现。通过这些方式,我们可以及时了解村民的需求和诉求,掌握治理模式存在的问题和不足。其次,定期评估治理模式的效果。这可以通过制定科学的评估指标和体系,对治理模式进行定性和定量的评估。通过评估,我们可以了解治理模式的实际效果和效益,发现存在的问题和短板,为后续的改进和优化提供依据。针对存在的问题和不足,采取有效的措施进行改进和优化。这可能涉及制度建设、资源配置、工作流程等方面的调整和完善。例如,如果发现财务管理存在漏洞,就加强财务管理的制度建设,完善审计监督机制;如果发现公共服务质量不高,就提高服务人员的素质和能力,加强服务质量的监管和管理。同时,我们还根据社会的发展和乡村的变化,对治理模式进行适时的调整和创新。乡村社会是不断发展变化的,不断更新治理理念和方法,以适应这些变化。例如,随着互联网技术的发展,我们可以利用信息化技术提高治理的智能化和高效化水平;随着村民自治意识的增强,我们可以加强村民自治的组织和制度建设,让村民更加积极地参与到治理过程中。

第四章　推进农村基层民主建设

第一节　发展基层民主的根本方法

一、加快农村经济发展，为农村基层民主建设提供物质基础

（一）大力发展农村经济

农村经济作为国民经济的重要组成部分，其发展状况直接关系国家的经济整体水平和社会的稳定与繁荣。在当前全球化、市场化的背景下，大力发展农村经济显得尤为迫切和重要。这不仅是实现乡村振兴、缩小城乡差距的必由之路，也是推动国家经济持续健康发展的重要保障。农村地区是我国人口的主要聚居地之一，农民的收入水平和生活质量直接影响全国的平均水平。然而，由于历史原因和自然条件限制，许多农村地区的经济发展相对滞后，农民收入增长缓慢，生活质量难以得到实质性提升。因此，通过大力发展农村经济，促进农业产业升级、拓展农村市场、增加农民就业机会，可以有效提升农民的收入水平，进而改善他们的生活质量。而大力发展农村经济是实现乡村振兴、推动城乡协调发展

的关键举措。乡村振兴战略的提出,旨在解决“三农”问题,即农业、农村、农民问题。其中,农村经济的发展是乡村振兴的核心内容之一。通过优化农业产业结构、提高农业生产效率、加强农村基础设施建设等措施,可以推动农村经济实现跨越式发展,进而促进乡村的全面振兴。同时,农村经济的发展还能为城市经济提供有力支撑,推动城乡经济协调发展,形成良性互动的局面。在全球化的背景下,各国经济联系日益紧密,竞争也日趋激烈。农业作为基础性产业,其发展水平直接关系国家的食品安全和国际竞争力。通过大力发展农村经济,加强农业科技创新、提高农产品质量与安全水平、培育具有国际竞争力的农业企业等措施,可以提升我国农业的整体实力,进而在全球农业竞争中占据有利地位。

(二)大力扶持农村经济合作组织的建立

在当前我国全面实施乡村振兴战略的背景下,大力扶持农村经济合作组织的建立与发展显得尤为重要。农村经济合作组织作为一种有效的载体和推手,是连接农户与市场、整合农村资源、推动农业现代化进程的关键力量。充分认识到农村经济合作组织对于提升农业生产效率、拓宽农产品销售渠道、增加农民收入的重要作用。鼓励引导农民以土地、资金、技术等多种形式入股,形成集体化、规模化、专业化生产模式,实现资源共享、风险共担,从而提高抵御市场风险的能力,提高整体经济效益。而且应注重加强农村经济合作组织的能力建设,包括管理能力、技术水平以及市场营销能力等方面。通过定期举办培训活动,引入先进的经营理念和技术知识,培养一批懂经营、善管理的合作组织领头人,带动整个组织的发展壮大。同时，积极推动农村经济合作组织与科研机构、企业进行对接，引进和应用新技术、新成果，提升农业生产的科技含量。要创新金融服务，解决农村经济合作组织在发展中面临的融资难问题。一方面，引导金融机构开发适合合作社特点的金融产品，另一方面，建立完善的风险补偿机制，让合作社能够获得稳定的信贷支持。同时，倡导社会力量参与，通过社会资本投资、公益捐赠等方式，为农村经济合作组织注入新的活力。

二、完善民主制度建设，为农村基层民主建设提供制度保障

（一）健全和落实“四民主”制度

1. 民主选举方面

在互联网时代，新媒体工具为选举宣传提供了更加便捷、高效的渠道。微信、QQ、微博等社交平台具有用户基数大、传播速度快、互动性强等特点，使得选举信息能够在短时间内迅速传播到广大村民中去。与此同时，新媒体工具还提供了多种形式的宣传方式，如文字、图片、视频等，使得选举宣传更加生动、形象，更易于被村民接受和理解。在利用新媒体进行选举宣传时，应注重策略和方法，确保宣传内容的真实性和准确性。选举宣传必须严格遵守法律法规，不得散布虚假信息或误导性言论。同时，宣传内容应贴近村民生活，关注他们的切身利益，这样才能引起他们的共鸣和关注。而且，要注重宣传方式的多样性和创新性，单一的宣传方式容

易使村民产生审美疲劳,降低宣传效果。所以,可以尝试结合文字、图片、视频等多种形式进行宣传,以提高村民的参与度和互动性。此外,还可以借助一些创意手段,如制作选举主题的动画、漫画等,以更加生动有趣的方式吸引村民的注意。通过充分发挥新媒体工具的优势和特点,结合农村地区的实际情况和村民的需求特点,我们可以制定出更加科学、有效的选举宣传策略,引导村民正确有序地参与选举活动。这不仅有助于提高选举的质量和效率,更有助于推动农村地区的民主自治进程向前发展。

2. 民主监督方面

农村治理作为国家治理体系的重要组成部分,其有效性与否直接关系乡村振兴和农村经济的持续发展。在这一过程中,民主监督作为一个不可或缺的环节,其潜在的作用不容忽视。它不仅能够提升乡村治理的透明度和公正性,还可能在很大程度上激发农村社会的活力和创造力,从而间接推动农村经济的稳步前进。民主监督,从本质上讲,是一种通过广泛参与、平等讨论和共同决策来确保权力正确行使的机制。在农村地区,这种机制通常表现为村民对村委会、村党支部等基层组织的监督,以及对涉及集体利益的重大事项的关注和参与。这种监督形式的存在,有助于保障农村基层权力的规范运行,防止权力滥用和腐败现象的发生。

3. 民主决策方面

通过鼓励村民提出各自的想法和方案,并经过集体讨论和筛选,能够发现并推广适应当地实际的特色发展模式,如特色产业培育、乡村旅游开发等,进而驱动农村经济的多元化、特色化发展。

同时，这一过程也有利于培养村民的主人翁意识和责任担当精神，形成自我教育、自我管理和自我服务的良好氛围。并且，在全面推行村级重大事项“四议两公开”工作法等制度的基础上，党组织能够充分发挥领导核心作用，引导广大村民有序参与民主决策，保障乡村治理沿着正确的方向前进。同时，通过组织培训、交流研讨等方式提升村民的民主素质和能力，进一步巩固和发展党在农村的执政基础，有力推动乡村振兴战略的实施。

4. 民主管理方面

乡村治理作为国家治理体系的基础，其重要性不言而喻。在这一复杂的治理结构中，民主管理作为一种理念和实践方式，其潜在的作用与多维影响逐渐显现，成为推动乡村社会和谐稳定与持续发展的关键要素。民主管理，其核心理念在于“民主”二字。在乡村治理的语境下，它意味着村民的广泛参与、平等协商和共同决策。这种参与不仅体现在村民对村庄公共事务的直接管理上，更体现在对村庄发展规划、资源分配、政策实施等各个环节的监督和建议上。这种参与式的管理方式，有助于打破传统的权力结构，使得决策更加贴近村民的实际需求，从而增强决策的科学性和有效性。从乡村社会稳定的角度来看，民主管理为村民提供了一个表达意见和诉求的平台。在这样的平台上，村民可以就村庄发展中的各种问题发表自己的看法，提出自己的建议。这种开放式的讨论和协商，有助于化解矛盾，增进共识，从而维护乡村社会的和谐稳定。同时，民主管理还有助于培养村民的公民意识和责任感，使他们更加积极地参与到村庄的治理中来。在乡村经济发展方面，民主管理同样发挥着不可忽视的作用。通过民主决策，可以确保经济资源的合理分配和有效利用。村民的参与和监督，可以促使村委会和村集体经济组织更加透明、规范地管理集体资产，防止腐败和浪费现象的发生。此外，民主管理还有助于激发村民的创造力和创新精神。当村民意识到自己的意见和建议能够被重视和采纳时，他们更有可能积极寻找新的发展机会和途径，从而推动乡村经济的持续发展。

（二）强化村民自治章程的制定修改和执行

村民自治章程作为农村社会治理体系中的核心制度构成，其在增强乡村治理规范性和有序性方面扮演着不可或缺的角色。它是一种通过集体协商、共同制定的规则系统，旨在指导和约束全体村民的行为，以及规范村务管理活动的运行过程。村民自治章程的核心价值在于明确权利与义务边界。通过详尽的文字表述，章程明确了每位村民享有的参与决策、监督执行等各项民主权利，也规定了他们必须履行的遵纪守法、维护公共利益等基本义务。这种权责对等的原则确保了村庄内部事务处理的公正公平，为实现良好的自治环境提供了制度保障。而章程通常会对诸如土地使用、集体资产经营、公共服务设施管理等一系列重要村务事项做出具体规定，不仅清晰界定了各类事务的办理流程与标准，也为村干部及村民代表在实际操作中提供了参照依据，这使得村级事务的决策与执行更加高效有序，从而有力推动农村经济社会的发展。

在章程的框架下，通过定期召开村民大会或村民代表会议的方式，村民们可以围绕村庄发展规划、重大事项决策等进行充分讨论与表决,从而增进共识。同时,章程还设立了一套有效的争议解决机制,对于可能出现的利益纠纷提供了解决途径,有利于维护村庄的社会和谐稳定。而且,村民自治章程的建立和完善,实质上也是我国农村基层民主建设的一项重要内容。它以法治思维引导广大农民积极参与乡村治理,增强了农民的主体意识和责任意识,培养了农民依法办事的习惯和能力。这对于逐步实现乡村治理体系和治理能力现代化具有深远意义。

三、加强思想文化建设,为农村基层民主建设提供思想基础

(一)加大对农民教育的力度,提升农民的民主自觉

农村地区的民主参与度是衡量基层民主发展水平的重要指标之一。然而,在实际操作中,我们不难发现,农村村民的思想意识水平和文化素质往往成为制约民主参与度提升的关键因素。当村民的思想意识相对落后,文化素质偏低时,他们往往缺乏参与民主决策和管理的积极性与能力,这在一定程度上削弱了农村基层民主的实际效果。思想意识水平的高低直接影响着村民对民主价值的认同和对民主制度的信任。在一些农村地区,由于历史、文化、教育等多重因素的影响,部分村民对民主的概念和原则了解不足,甚至存在误解。他们可能认为民主只是形式上的选举和投票,而未能认识到民主更是一种生活方式,是保障个人权利和集体利益的重要机制。这种认识的局限导致他们对民主参与持观望或消极态度,从而降低了民主决策的广泛性和代表性。与此同时,文化素

质的高低也直接影响村民的民主参与能力。文化素质不仅包括基本的读写能力，更包括分析问题、解决问题的能力，以及与他人沟通交流的能力。在农村地区，一些村民由于受教育程度有限，可能在理解和表达上存在一定的困难。这使得他们在参与民主讨论和决策时，难以充分发表自己的观点和意见，也难以理解和接受他人的不同看法。因此，加大宣传教育力度，提高农村村民的思想意识水平和文化素质显得尤为重要。在这一过程中，新媒体凭借其独特的优势，应当成为我们重要的宣传和教育工具。新媒体具有传播速度快、覆盖面广、互动性强等特点，能够迅速将民主知识和信息传递给广大农村村民。通过微信、微博、短视频等新媒体平台，我们可以发布关于民主制度、民主原则、民主实践等方面的内容，帮助村民了解民主的基本概念和操作流程。同时，新媒体还能够以更加生动、形象的方式展示民主的实际效果和意义，从而激发村民对民主的兴趣和热情。除了传递信息，新媒体还能够为农村村民提供一个学习和交流的平台。通过在线课程、远程教育等方式，我们可以为村民提供系统的民主知识和技能培训。这不仅能够提高他们的文化素质和分析问题、解决问题的能力，还能够增强他们的公民意识和责任感。同时，新媒体还能够促进村民之间的交流和互动，使他们在讨论和分享中增进理解、凝聚共识。

（二）加强村基层干部队伍建设，提高建设基层民主的能力

农村基层干部是连接党和政府与广大农民群众的桥梁和纽带，是推动农村经济发展、维护社会稳定、促进民主建设的重要力

量。在新时代背景下，加强农村基层干部队伍建设显得尤为重要，这不仅关系着农村地区的长远发展，更直接影响着基层民主建设的进程和成效。农村基层干部作为基层民主决策的直接参与者和执行者，其素质和能力直接影响民主决策的质量和效果。通过加强基层干部队伍建设，选拔培养一批具有高素质、高能力的基层干部，能够增强基层民主决策的科学性和有效性。这些干部具备较高的政策理论水平和丰富的实践经验，能够更好地理解和把握国家政策，将其与农村实际相结合，制定出符合当地实际的民主决策，从而推动农村地区的持续发展。而基层民主管理涉及广泛的群众利益和复杂的社会关系，有一套科学规范的管理制度来保障其有效运行。农村基层干部在其中扮演着关键角色，他们既是管理制度的制定者，也是执行者和监督者。通过加强基层干部队伍建设，增强干部的法治意识和依法行政能力，能够推动基层民主管理的规范化、制度化。基层干部将更加注重依法办事、按章操作，确保民主管理过程公开、公平、公正，从而维护农村社会的和谐稳定。

第二节　农村基层民主制度的完善

一、切实落实好农村基层协商民主制度

（一）优化农村基层协商民主的实践形式

农村基层协商民主以村民会议、村民代表会议、村务监督委员会等多元化的组织载体为依托，通过定期召开的村民大会，将关乎农村发展、民生改善的重大事项提交全体村民或其代表进行广泛讨论和协商，确保决策过程公开透明，充分尊重并反映农民群众的意愿和诉求。这一过程中，协商议题的选择、协商程序的设计、协商结果的应用等方面都得到了不断细化和完善，实现了从“为民做主”到“由民做主”的转变。在农村基层协商民主实践中，应注重发挥农村各类社会组织和新型农业经营主体的作用。例如，通过建立乡贤参事会、农民合作社理事会等平台，鼓励和支持有威望、有能力的乡贤和农民领袖参与村级公共事务的协商，形成多元主体共商共建共享的治理格局。同时，借助现代信息技术手段，推广线上线下相结合的协商模式，使农民能够更加便捷地参与到协商民主的各个环节中，有效拓宽了农民群众表达利益诉求、参与决策的渠道。而在处理涉及土地使用、生态保护、传统文化保护等具体问题时，各地农村积极挖掘和利用乡土知识，结合专家建议和科学论证，通过多方协商达成共识，既维护了农民的根本利益，又促进了乡村社会和谐稳定和可持续发展。并且，强化农村基层协商民

主的法治保障,建立健全相关制度规范,是其实践形式得以持续优化的重要支撑。

1. 运用好农村协商民主线下实践平台

在推进我国农村基层民主政治建设的进程中,线下实践平台对于运用好农村协商民主这一新型治理工具具有至关重要的作用。线下实践平台作为承载农民群众参与决策、表达诉求的重要载体,不仅有助于提升农村社会治理效能,而且能够有力推动乡村治理体系和治理能力现代化。通过定期召开的全体村民大会或村民代表大会,将涉及村集体利益的重大事项、公共事务以及发展规划等议题进行公开讨论,确保每一位村民都有平等的话语权和参与决策的机会。实践中,村委会应当科学设置议题,引导村民围绕村务管理、民生改善、产业发展等方面展开深度协商,使每一项政策决策都凝聚着广大村民的共识与智慧,从而增强决策的科学性与合理性。而创新设立多元化、多样化的线下协商实践平台,如乡贤参事会、村民议事厅、农户恳谈会等,能有效拓宽协商民主的覆盖范围和影响力。这些平台充分调动了农村各类社会力量的积极性,让有见识、有影响力的乡贤、种养大户、致富带头人等参与到村级事务的协商过程中来,他们的经验和见解往往对解决农村实际问题具有重要的参考价值。同时,这类平台也便于政府相关部门、专家顾问团队及社会各界人士走进农村,深入田间地头,与农民面对面交流,共同探讨乡村振兴大计,形成多元主体共建共治共享的良好局面。

充分利用农村社区活动中心、文化广场、农家书屋等公共场所搭建临时性的协商平台,举办专题协商会、座谈会等活动,就某一特定议题开展针对性强、实效明显的协商对话。这种灵活多样的协商形式,既有利于及时发现并解决农民群众生产生活中遇到的具体困难,又能在协商互动中增进邻里间的沟通理解,培育和谐有序的农村社区氛围。此外,在利用线下实践平台落实农村协商民主的过程中,还注重制度建设和规则保障。建立健全相关规章制度,规范协商程序,明确协商议题提出、意见征集、结果公示等各环节的操作流程,确保协商过程公正透明,协商结果公平合理。同时,强化对协商成果执行情况的监督反馈机制,保障协商成果得以有效转化实施,切实回应农民群众的期待和需求。

2. 利用好大数据创建线上协商实践平台

随着互联网技术的飞速发展和大数据时代的到来,线上协商实践平台作为一种新型的民主协商形式,逐渐成了推动基层民主协商深化与创新的重要力量。这一平台充分利用大数据技术的优势,有效整合各类资源,提升协商效率,扩大参与范围,为基层民主协商注入了新的活力。在构建线上协商实践平台的过程中,大数据技术的应用发挥了举足轻重的作用,大数据技术为平台提供了强大的数据处理能力,通过对海量数据的收集、整理和分析,平台能够准确地把握社会热点、难点问题,为协商议题的确定提供科学依据。同时,大数据技术还能够对协商参与者的意见和建议进行深度挖掘,为协商决策提供有力支持。而且,大数据技术为线上协商实践平台带来了便捷的信息共享机制,通过平台,协商参与者可以实时获取相关信息,了解协商进展和结果。这种信息共享机制不仅提高了协商的透明度,也增强了协商参与者的责任感和使命感。此外,大数据技术还能够对协商过程进行实时监控和评估,确保协商的公正性和有效性。

线上协商实践平台的构建还重视以下几个方面的工作。一是加强平台的基础设施建设。要确保平台的稳定性、安全性和易用性,为协商参与者提供良好的使用体验。二是完善平台的协商机制。要制定科学合理的协商规则和程序,确保协商的有序进行。同时,还要建立有效的激励机制,鼓励更多的群众参与到线上协商中来。三是加强平台的宣传推广。要通过多种渠道和方式,提高群众对线上协商实践平台的认知度和参与度。在具体实践中,线上协商实践平台可以发挥以下几个方面的作用。一是拓宽协商渠道,降低参与门槛。线上协商实践平台打破了时间和空间的限制,使得更多人能够参与到协商中来。特别是对于一些偏远地区和特殊群体来说,线上协商实践平台为他们提供了更加便捷的参与渠道。二是提高协商效率,节约社会资源。线上协商实践平台利用大数据技术进行信息处理和决策支持,大大提高了协商的效率和准确性。同时,线上协商还可以减少人员聚集和物资消耗,节约社会资源。三是增强协商互动性,促进共识形成。线上协商实践平台为协商参与者提供了更加开放的讨论空间,使得不同观点得以充分交流和碰撞。

(二)规范农村基层协商民主的程序运行机制

1. 遵循协商公开原则

协商公开原则是基层协商民主实践中必须遵循的重要原则之

一，它是程序公开原则在基层协商领域的具体体现。正如公开性在现代审判中居于首要位置一样，基层协商民主实践也必须遵循公开原则，以确保协商过程的透明度和公正性。首先，协商公开原则是获取相关协商信息的重要前提。在基层协商民主实践中，信息的公开和透明是至关重要的。只有当参与协商的各方都能够获得充分的信息，了解协商的主题、议程、背景资料等相关内容，才能够做出理性的判断和决策。因此，遵循协商公开原则，能够保障信息的自由流动和透明度，使参与协商的各方能够更好地了解情况，发表意见和提出建议。其次，程序公开原则是实现司法正义的重要前提。在现代法治社会中，司法正义是维护社会公正的重要保障。而程序公开原则则是实现司法正义的重要前提之一。通过程序公开，能够保障当事人的合法权益，促进司法公正和公信力。同样地，在基层协商民主实践中，遵循公开原则也有助于实现协商正义，保障参与协商的各方的合法权益，促进协商的公正和公信力。此外，协商公开原则与程序公开原则都强调程序运行机制的公开性。无论是司法审判还是基层协商民主实践，都遵循一定的程序和规则。而程序公开原则正是要求这些程序和规则必须向公众公开，以确保过程的公正、公平和透明度。在基层协商民主实践中，遵循公开原则也有助于规范协商程序和机制，促进协商的公正、公平和透明度。最后，协商公开原则能够充分体现程序正义的共性价值。程序正义是现代法治社会的基本原则之一，它强调程序的公正、公平和透明度。在基层协商民主实践中，遵循公开原则正是体现了程序正义的共性价值。通过公开协商过程和结果，能够增强公众对协商的信任感和认同感，促进协商结果的实施和应用。

同时,遵循公开原则也有助于监督和制约相关主体对协商结果的执行和落实,确保协商结果的公正、有效和合法。

2. 遵循实质、平等性参与原则

平等性原则是协商民主的又一个重要原则,它要求所有参与协商的主体都应该享有平等的地位和权利,这包括平等的发言机会、平等的信息获取渠道以及平等的决策权。为了实现平等参与,协商组织者采取一系列措施来保障参与主体的平等权利。例如,可以制定详细的协商规则和程序,明确参与主体的权利和义务;可以设立专门的机构或人员来负责协商的组织和协调工作,确保协商的顺利进行;可以提供必要的信息和资源支持,帮助参与主体更好地了解协商议题和背景情况。而且,平等性原则还要求协商主体在协商过程中保持相互尊重、理性沟通的态度,避免出现情绪化或攻击性的言论和行为,以营造和谐、宽容的协商氛围。

3. 遵循理性交涉原则

进一步规范基层协商民主程序机制,不仅是协商程序顺利进行的必要条件,更是保障协商结果理性的必要条件。在具体协商程序设置运作中,遵循理性交涉原则,以寻求各方意见的最大公约数。理性交涉原则是指在协商过程中,各方应理性、客观地表达自己的意见,尊重他人的观点,并在相互协商中寻求共识。这一原则要求协商主体在发言时,不能以个人利益为中心,而应从公共利益出发,理性地表达自己的观点和利益诉求。同时,在听取他人观点时,要认真思考、理性分析,而不是固执己见或轻率否定。遵循理性交涉原则,有助于协商程序的顺利进行和协商结果的理性化。

在协商过程中,如果各方能够理性地表达自己的意见,尊重他人的观点,就可以避免情绪化的冲突和争吵,使协商更加高效、有序。同时,理性交涉也有助于整合各方意见,寻求最大公约数,达成共识,使协商结果更加合理、公正。为了实现理性交涉原则,采取一系列措施。首先,加强宣传教育,增强基层群众的协商意识和能力。通过宣传教育,让群众了解协商民主的重要性和基本原则,掌握协商的方法和技巧,提高理性交涉的能力。其次,要建立和完善基层协商民主程序机制。通过制定具体的协商规则和操作程序,明确协商主体、议题、时间、地点等各方面的要求和规定。同时,要保障协商过程的公正、公平、公开,确保各方能够平等参与、理性交涉。此外,还建立有效的反馈和评估机制。在协商过程中,要及时收集和分析各方意见和建议,对协商过程和结果进行评估和反思。通过反馈和评估机制的建立和完善,可以不断改进协商程序和方法,提高理性交涉的效果和质量。最后,政府和社会组织也应该发挥积极作用。政府可以提供必要的支持和资源,促进基层协商民主的发展。社会组织也可以通过开展各种活动和项目,增强基层群众的协商意识和能力。同时,政府和社会组织还应该加强监督和管理,确保基层协商民主的规范化和有效性。

4. 遵循兼顾多方利益原则

公共问题具有复杂性、多样性和动态性的特点,往往涉及多个利益主体和多个领域。传统的决策模式往往难以应对这种复杂性,容易出现决策失误或执行困难。而基层协商民主通过搭建一个平等、开放的协商平台,让各方利益主体能够充分表达诉求、交流观点、协商解决方案，从而增强了决策的科学性和有效性。它能够有效地整合各方资源，形成合力，共同应对公共问题，推动社会的和谐稳定发展。基层协商民主在解决公共问题的过程中，特别注重兼顾多方利益。在多元化的社会背景下，各方利益主体的诉求日益多样化、差异化。如何平衡各方利益，确保公共决策的公正性和公平性，是基层协商民主面临的重要挑战。为此，基层协商民主强调在协商过程中要充分听取各方意见，尊重各方利益，寻求最大公约数，画出最大同心圆。通过协商，各方能够了解彼此的立场和诉求，增进理解和信任，形成利益共同体，从而为公共决策的实施奠定坚实基础。

二、提高协商主体公共理性协商的参与度

（一）深层育化村级干部协商民主制度化认同意识

随着农村社会的不断发展和变革，农村治理面临着越来越多的挑战和机遇。其中，村级干部作为农村治理的重要主体，他们的协商民主制度化认同意识对于农村治理的成效具有至关重要的作用。深层育化村级干部协商民主制度化认同意识，不仅可以提升农村治理的水平和质量，还可以促进农村社会的和谐稳定发展。协商民主制度化认同意识是指村级干部对协商民主制度的认知、理解和认同程度。这种认同意识是村级干部在实践中自觉遵循协商民主制度、积极参与协商民主活动的重要基础。只有当村级干部内心深处真正认同协商民主制度，才能将其内化为自己的行为准则，从而在实践中发挥出协商民主制度的最大效能。而深层育化

村级干部协商民主制度化认同意识,首先加强对协商民主制度的宣传和教育。通过各种形式的宣传和教育活动,让村级干部深入了解协商民主制度的内涵、原则和程序,认识到协商民主制度在农村治理中的重要作用,从而增强对协商民主制度的认同感和归属感。同时,还加强对村级干部的培训和指导,提高他们的协商能力和水平,使他们在实践中能够更好地运用协商民主制度解决问题。

(二)着实提高村级干部协商民主制度化践行能力

在现代农村治理体系中,协商民主制度化是提升治理效能、促进农村和谐发展的关键一环。村级干部作为基层治理的“神经末梢”,其协商民主制度化践行能力的高低直接关系农村治理的成败。因此,切实提高村级干部的协商民主制度化践行能力,对于推动农村治理现代化、实现乡村振兴具有深远意义。协商民主制度化践行能力,是指村级干部在农村治理实践中,能够熟练运用协商民主的原则、方法和程序,有效组织、引导村民参与协商,形成科学决策,并解决实际问题的能力。这种能力不仅要求村级干部具备扎实的民主理论知识和协商技巧,还要求他们拥有深厚的群众基础、良好的沟通能力和敏锐的洞察力。要提高村级干部的协商民主制度化践行能力,首先要从思想观念上入手。村级干部必须深刻理解协商民主的核心价值,即尊重多元、平等参与、达成共识。他们应该摒弃传统的“官本位”思想,真正树立起“民本位”的治理理念,将村民的利益放在首位,以村民的需求为导向,推动农村治理的民主化、科学化。而且,协商民主制度化践行能力的提升,离不开完善的制度保障和规范的程序引导。村级组织应该建立健全协商民主的相关制度，如村民会议、村民代表会议、村务监督委员会等，明确各自的职责和权限，确保协商民主有章可循、有据可查。同时，要制定详细的协商程序和规范，确保协商过程公开、透明、有序，避免出现“走过场”“形式主义”等现象。并且，协商民主制度化践行能力是一种实践性很强的能力，通过不断地实践锻炼才能得到提升。村级干部应该积极参与到协商民主实践中去，亲身感受协商的魅力，掌握协商的技巧。同时，要通过培训、学习、交流等方式，不断提升自己的理论水平和综合素质，为更好地践行协商民主制度化打下坚实基础。

（三）注重培育农村群众协商民主意识

在乡村振兴的大背景下，农村基层群众不仅是民主政治的参与主体，更是基层协商民主实践得以顺利开展的重要协商主体。因此，增强农村基层群众的协商意识，使他们能够真正理解协商民主的重要价值，掌握基本的协商原则和操作程序，是推动基层协商民主实践顺利开展的关键。为了培育农村基层群众的协商民主意识，我们可以采取一系列措施。首先，在基层协商前，做好宣传服务工作是必不可少的，除了宣传服务工作外，经常性开展基层协商民主实践也是培育协商民主意识的重要途径。通过不断进行实践，可以让协商民主成为农村基层群众民主政治的常态性内容，让他们真正内化于心，更加自觉地主动参与到协商中来。在实践中，可以让基层群众充分了解和掌握协商开展的程序、规则和技巧，提高他们的协商参与能力和水平。此外，为了更好地推动农村基层协商民主实践的发展，还建立和完善相关的制度和机制。同时，还建立有效的监督和评估机制,对基层协商民主实践进行跟踪、评估和反馈,及时发现问题和不足,采取有效措施进行改进和提升。

(四)着重增强农村群众协商规则意识

在制度化建设这一宏大工程中,规范与规则无疑占据着举足轻重的地位,它们是相关实践得以有效落实和持续推进的基石与导向。规则意识,作为对规则的认知、尊重和自觉遵守,对于农村协商实践的健康、有序开展具有决定性的影响。因此,在推动农村社区治理现代化的过程中,我们必须格外重视并着力提升农村群众的协商规则意识。在农村协商实践中,无论是涉及公共事务决策、权益分配还是涉及矛盾调解,都离不开一套公正公平、科学合理的规则体系。这套规则体系不仅为农村协商提供了行为准则和评判标准,还确保了协商过程的透明度和公信力,从而有助于增强农村群众参与协商的积极性和主动性。而通过各类形式多样的宣传教育活动,使广大农村群众深刻理解规则是维护自身权益、实现共同发展的有力保障,明白只有树立起牢固的规则意识,才能在协商过程中做到有理有据、有序有效,真正让协商成为解决农村问题、促进农村和谐稳定的有效途径。

鼓励农村群众亲身参与到各种协商活动中去,在实践中理解和运用规则,通过亲身体验增强对规则的认同感和敬畏心,进而形成自觉遵循规则的良好习惯。同时,也要注重通过典型示范、案例分析等方式,展示正确运用规则解决问题的成功案例,进一步提升农村群众对协商规则重要性的认识。在充分尊重农民主体地位、保障农民合法权益的基础上,要结合农村实际情况,制定和完善农村协商的相关规则和程序,使之更加符合农村社会的发展需求。同时,加强对规则执行情况的监督与反馈,对违反规则的行为进行及时纠正,以此来巩固和强化农村群众的协商规则意识。

第五章　乡村振兴背景下农村基层治理的创新探索

第一节　坚持以人为本，创新培养农村基层治理人才

一、农村基层治理人才培养方式

（一）实施高校毕业生基层成长计划

1. 构建全方位的教育培训体系

（1）党性教育是教育培训体系的核心内容。作为未来农村基层治理的骨干力量，高校毕业生必须牢固树立共产主义理想信念，坚定对党的忠诚和信仰。因此，在教育培训体系中，应加强对高校毕业生的党性教育，引导他们深入学习党的理论和路线方针政策，增强党性觉悟和党性修养，确保他们在基层工作中能够始终保持正确的政治方向。

（2）政策理论和业务知识是教育培训体系的重要组成部分。农村基层治理涉及众多领域和方面，需要高校毕业生具备广博的

政策理论和业务知识。因此，在教育培训体系中，应注重对高校毕业生的政策理论和业务知识培训，帮助他们熟悉和掌握农村基层治理的相关政策法规和业务知识，提升他们的专业素养和治理能力。

（3）实践指导是教育培训体系的重要环节。实践是检验真理的唯一标准，也是提升高校毕业生治理能力的重要途径。因此，在教育培训体系中，应加强对高校毕业生的实践指导，组织他们参与农村基层治理的实际工作，让他们在实践中学习、在实践中成长。同时，还应建立实践反馈机制，及时总结高校毕业生的实践经验，为他们提供有针对性的指导和帮助。

（4）教育培训体系需要不断丰富教育培训内容，创新教育培训方式。在教育培训内容上，应根据农村基层治理的实际需要和高校毕业生的特点，设计具有针对性和实用性的培训课程，确保他们能够学到真正有用的知识和技能。在教育培训方式上，应采用多种形式相结合的方式，如集中培训、分散培训、在线培训等，以满足不同高校毕业生的学习需求。

（5）建立教育培训效果评估机制，定期对教育培训体系进行评估和调整，确保其始终与农村基层治理的实际需要相契合。通过评估结果，及时发现教育培训体系中存在的问题和不足，并进行相应的改进和完善，从而不断提升教育培训的质量和效果。

2. 设立职业培训补贴与技能提升补贴

参加创业培训的基层高校毕业生，往往怀揣着创业的梦想和热情，但缺乏必要的创业知识和技能。因此，设立职业培训补贴，可以为他们提供经济支持,减轻他们的经济负担,让他们能够专心投入到创业培训中,学习创业的基本理论、方法和技巧。这样不仅能够提升他们的创业能力,还能够激发他们的创业热情,为农村基层的创新创业注入新的活力。同样,参加职业技能培训的基层高校毕业生也需要通过不断学习和实践来提升自己的职业技能。职业技能是他们在基层工作中不可或缺的一项基本素质,也是他们实现个人价值和职业发展的关键。设立职业培训补贴,可以为他们提供必要的经济支持,鼓励他们积极参与职业技能培训,学习新的知识和技能,提高自己的职业素养和综合能力。

3. 实施基层人才专项培训计划

实施基层人才专项培训计划,是深化高校毕业生成长的重要举措。这一计划充分认识到基层高校毕业生在知识、技能与实践经验上的特殊需求,旨在通过一系列精心设计的培训项目,助力他们更好地适应基层环境,实现职业发展,并提升解决实际问题的能力。为了确保培训效果,我们鼓励各行业各部门积极参与,根据基层高校毕业生的实际情况,量身定制培训内容和方式。定向委培项目能够针对特定岗位需求,提供精准的技能和知识培训;学习进修机会则让基层高校毕业生有机会接触到更高级别的专业知识和理论,拓宽他们的视野;跟班学习制度使他们能够在经验丰富的导师指导下,快速掌握工作要领和实践技巧;而实践考察则让他们走出办公室,亲身体验基层工作的复杂性和多样性,从而加深对理论知识的理解和应用。

4. 加强国际交流与合作

通过参与国际交流与合作,基层高校毕业生将有机会亲身体验不同国家和地区的文化、社会制度和发展模式，从而拓宽自己的国际视野。这种经历不仅能够增长他们的见识，提升他们的跨文化沟通能力，还能够激发他们的创新思维和解决问题的能力。同时，他们还可以将学到的先进理念和技术带回国内，为农村基层治理和经济发展注入新的活力。

为了实现这一目标，应构建一个开放式的培养体系，将短期培训与长期培养、国内培养与国际交流相结合。短期培训可以针对特定的主题或需求，为基层高校毕业生提供集中的学习和交流机会；长期培养则注重对他们进行全面、系统的教育和培养，提升他们的综合素质和职业发展能力。国内培养和国际交流则相互补充，使基层高校毕业生既能够深入了解国情、民情，又能够具备国际化的眼光和思维方式。

（二）建立乡土人才技能等级评价制度

1. 制定完善的乡村人才技能等级评价标准

在推进农村基层人才建设的进程中，建立乡土人才技能等级评价制度显得尤为重要。这一制度的核心在于制定一套完善、科学、合理的评价标准，以客观、公正地评估乡村人才的技能水平和专业能力。这不仅有助于提升农村基层人才的素质和能力，还能为他们提供明确的职业发展方向和目标。

一方面，评价标准的制定应综合考虑多个方面，包括技能水平、工作经验、创新能力以及行业领域的特点等。技能水平是评价人才的基础，它直接反映了人才在特定领域内的专业能力和技术水平。工作经验则是评价人才实践能力的重要依据，它能够帮助我们了解人才在实际工作中的表现和问题解决能力。创新能力则是评价人才发展潜力的重要指标，它体现了人才在面对新挑战时的应变能力和创新思维。

另一方面，评价标准的制定应注重可操作性和实用性。标准应明确、具体，便于评价者进行准确的评估。同时，标准还应具有一定的灵活性，以适应不同行业和领域的发展需求。此外，评价标准的制定还应广泛征求各方意见，确保标准的科学性和合理性。

2. 建立专业的技能等级评价机构

建立专业的技能等级评价机构是确保乡土人才技能等级评价制度有效实施的关键环节。这些机构应由行业内具有丰富经验和专业知识的专家组成，他们负责对乡村人才进行客观、公正、透明的技能等级评价。首先，评价机构的设立应遵循独立、公正、专业的原则。机构应独立于政府部门和其他利益相关方，以确保评价结果的客观性和公正性。同时，机构应拥有专业的评价团队和先进的评价技术，以确保评价结果的准确性和可靠性。其次，评价机构应建立科学、规范的评价流程。从评价申请的受理、评价标准的制定、评价过程的组织到评价结果的发布，都应遵循严格的程序和规范。这不仅可以确保评价工作的有序进行，还能提高评价工作的效率和质量。最后，评价机构还应注重对评价结果的反馈和应用。他们应及时向被评价者反馈评价结果，帮助他们了解自己的优势和不足，并制订相应的提升计划。同时，评价结果还应作为政府制定人才政策和提供补贴奖励的重要依据，以更好地发挥评价工作的激励和引导作用。

3. 实施补贴和奖励政策，鼓励多方参与

为了激励乡村人才不断提升自己的技能水平，政府应根据技能等级评价结果，实施相应的补贴和奖励政策。这些政策可以包括资金补贴、培训机会、职业发展指导等多种形式，旨在帮助乡村人才更好地实现个人职业发展，并推动农村经济的持续发展。

第一，对于技能等级较高的乡村人才，政府应给予一定的资金补贴，以表彰他们在技能提升方面所取得的成就。这种补贴可以用于支持他们的进一步学习、培训或创业活动，鼓励他们继续提升自己的技能水平。

第二，政府还应提供一些其他的奖励措施，如提供培训机会、职业发展指导等。这些奖励可以帮助乡村人才拓宽视野、提升能力，更好地适应市场需求和实现个人价值。

第三，政府还应鼓励企业和民间机构参与乡村人才技能等级评价工作。企业和民间机构的参与不仅可以提供更多的资源和支持，还能帮助评价工作更好地贴近市场需求和行业发展趋势。通过多方面的参与和合作，更好地整合资源，提高评价工作的效率和效果。

（三）开展农村实用人才培训项目

1. 加大政府投入，科学设计培训计划

为了切实提升农村实用人才的经营水平和生产能力，政府应当加大对农村实用人才培训班的投入力度。这种投入不仅仅是资金上的，更应包括政策、人力和物力等多方面的支持。资金是培训项目得以顺利进行的基础，政府应当设立专项资金，用于农村实用人才的培训项目，确保项目的持续、稳定推进。

在资金投入的基础上，政府还需要制订科学、合理的培训计划。这个计划应当充分考虑到农村实用人才的实际需求，针对不同行业和领域的特点，开设多种类型的培训班。例如，可以针对农业种植、养殖、农产品加工等领域，分别开设相应的培训班，确保培训内容的针对性和实用性。

培训班的教学方式也至关重要。传统的单一讲授方式往往难以激发学员的学习兴趣和积极性，因此，政府应当鼓励培训班采用多种形式的教学方式，如讲座、研讨、实践操作等。特别是实践操作环节，它能够让学员在实际操作中掌握知识和技能，加深对所学内容的理解和记忆。

此外，政府还可以邀请相关领域的专家、学者和企业家等担任培训班的讲师，分享他们的经验和见解，为学员提供更多的启发和思考。通过与讲师的互动和交流，学员可以拓宽视野，了解行业的最新动态和发展趋势，为自身的经营和生产提供有益的参考。

2. 组织实地考察学习，鼓励多方参与

政府组织农村实用人才进行实地考察学习。这种学习方式能够让学员亲身感受先进的经营理念和生产技术，了解它们的实际应用效果和价值。政府可以选择一些具有代表性的农业企业和农场作为考察点，安排学员进行参观、交流和学习。在考察学习过程中，学员应当带着问题去学习，通过观察、询问和思考等方式，深入了解考察点的经营模式、生产技术和管理经验等。同时，学员还可以与当地专家进行深入的交流和学习，探讨双方在经营和生产中遇到的问题和困难，共同寻找解决方案。

通过实地考察学习，农村实用人才可以获得更多的启发和灵感，为自身的经营和生产提供有益的参考和借鉴。他们将所学到的先进理念和技术应用到自己的实际工作中，提高经营水平和生产能力，推动农村经济的持续发展。

（四）创新基层人才培训方式

1. 集中培训与分散培训相结合

集中培训，作为一种传统的培训方式，具有不可替代的优势。在特定的时间和地点，将农村实用人才聚集在一起，有利于形成浓厚的学习氛围和互动环境。这种培训方式便于组织专家学者或有丰富实践经验的技术人员进行系统性的授课，确保培训内容的一致性和连贯性。

在集中培训中，可以灵活运用多种教学方法，如理论讲解、案例分析、实践操作等，以满足不同学员的学习需求。同时，通过集体讨论、小组交流等形式，激发学员的学习热情和创造性思维，促进知识与技能的深度掌握和应用。

然而，集中培训也存在一些局限性，比如时间和地点的限制、难以兼顾不同地区的实际需求等。因此，我们需要将分散培训作为有益的补充。分散培训更加灵活多样，可以根据不同地区、不同行业的特点和需求，制订个性化的培训计划。通过结合当地实际情况和资源，组织当地技术人员或经验丰富的人员进行有针对性的授课，使学员能够更加深入地了解和掌握与自身工作和生活密切相关的知识和技能。

分散培训的优势在于其针对性和实用性。它可以根据学员的实际情况和学习进度进行调整和优化，确保培训内容与学员的实际需求紧密相连。同时，分散培训也有助于培养学员的自主学习能力和问题解决能力，提升他们的综合素质和竞争力。

2. 线上培训的灵活性与便捷性

随着信息技术的迅猛发展，线上培训已成为一种新型的培训方式，受到越来越广泛的关注。线上培训不受时间和地点的限制，学员可以随时随地通过网络平台进行学习。这为农村实用人才提供了更加灵活和便捷的学习机会。

线上培训可以提供丰富多样的课程资源和教学资料，满足学员不同层次的学习需求。学员可以根据自己的兴趣、能力和学习目标，自主选择适合自己的课程和学习路径。同时，线上培训还支持个性化学习进度的设置和管理，学员可以根据自己的时间安排和学习习惯进行自主学习。

此外，线上培训还可以通过在线交流、互动问答等方式加强学员之间的互动和学习效果。学员可以在学习过程中随时提问、分享经验和观点，与其他学员进行深入的讨论和交流。这种互动式的学习方式有助于激发学员的学习动力和创造性思维，提升学习效果和质量。

3. 线下培训的实践性与现场指导性

虽然线上培训具有诸多优势，但线下培训同样不可或缺。线下培训是指传统的面对面的培训方式,它强调实践操作和现场指导的重要性。通过线下培训,学员可以更加深入地了解和掌握相关技能,并在实际操作中获得真实的体验和感受。

线下培训可以结合实际情况进行现场教学,使学员能够将所学知识与实际工作相结合。通过实际操作、案例分析等方式,学员可以更好地理解和掌握所学内容,提高技能水平和应用能力。同时,线下培训还可以为学员提供与专家学者或技术人员面对面交流的机会,使学员能够从他们的经验和见解中获得启发和指导。

二、农村基层治理人才培养的主要内容

(一)开展理想信念教育

为了引导基层人才传承革命精神,增强"四个意识"、坚定"四个自信"、做到"两个维护",政府和社会各界可以通过多种方式来开展工作。首先,可以组织理论宣讲活动。邀请专家学者或先进典型人物进行讲解和宣传,深入剖析党的路线方针政策和国家发展战略,让基层人才更加全面地了解党和国家的政策导向和发展方向。同时,也可以结合当地实际情况和特色资源,介绍乡村振兴战略的实施情况和未来发展方向,激发基层人才的积极性和创造性。其次,可以树立典型模范。通过挖掘和宣传在乡村振兴工作中表现突出的个人和集体,展示他们在实践中积累的宝贵经验和创新成果,为其他基层人才树立榜样和标杆。同时,也可以通过组织座谈会、研讨会等形式,让典型模范分享自己的成长历程和工作心得,激励广大基层人才向他们学习看齐。此外,还可以举办文艺

演出等活动。通过丰富多彩的文艺形式,如音乐、舞蹈、戏曲等,展现农村文化艺术的魅力和乡村生活的美好景象,营造浓厚的文化氛围和精神风貌。这些活动不仅可以丰富基层人才的文化生活,还能够传递正能量,激发他们的自豪感和自信心。最后,应该建立考核评价机制,将基层人才的表现与乡村振兴工作的成效挂钩,对积极参与乡村振兴事业并做出突出贡献的个人给予表彰奖励。这种激励机制能够激发基层人才的内在动力和创新活力,推动他们更好地投身到乡村振兴工作中去。

(二)加强实践能力的培养

在乡村振兴的大背景下,人才培养是关键。为了更好地服务乡村振兴,政府应该结合实际情况制定人才培养方案。这个方案应该明确人才培养的目标、方向和措施,确保人才培养工作的针对性和实效性。选派年轻干部是增强基层干部工作积极性的重要方式之一。通过上挂、平挂、下挂、互挂和跟班学习等方式,年轻干部可以获得更多的实践机会和锻炼平台。这些挂职和交流轮岗的机会可以让年轻干部深入了解基层情况,积累工作经验,提高解决实际问题的能力。同时,干部交流轮岗制度还可以促进不同部门和地区之间的交流与合作,提高基层干部的整体素质和工作效率。除了选派年轻干部,举办基层后备干部学习提升班也是提高基层干部工作能力的重要途径。这个提升班可以采用网上自学和集中授课相结合的模式,充分利用现代信息技术手段,增强培训的便捷性和灵活性。通过系统的理论学习和实践操作相结合的方式,基层后备干部可以全面提升自己的综合素质和能力水平,更好地适应乡村振兴工作的发展。为了更好地服务乡村振兴,政府还应该鼓励企业和民间机构参与人才培养工作。

(三)提升农村技术人员实用技能

为了培养现代农业带头人,锻造一支既能干事又能干成事的乡村振兴骨干队伍,政府和社会各界可以采取多种方式对"土专家"进行现代专业技术的培训。首先,可以利用远程教育平台,为"土专家"提供方便快捷的学习途径。远程教育具有灵活性和开放性,不受时间和地点的限制,可以让"土专家"随时随地接受培训。通过远程教育,邀请专家学者或有丰富实践经验的技术人员进行授课,讲解现代农业知识、技术和管理经验等,帮助"土专家"提高专业水平和实践能力。其次,可以组织专家指导活动,让"土专家"接受专家的指导和帮助。专家可以深入基层,与"土专家"面对面交流,了解他们的实际情况和问题,提供针对性的解决方案和建议。专家的指导和帮助,可以让"土专家"在实践中不断成长和提高,更好地发挥带头作用。此外,还可以组织外地观摩活动,让"土专家"参观先进的农业企业和示范园区,了解先进的农业技术和经营管理方式。通过实地观摩和交流学习,让"土专家"开阔眼界、增长见识,学习到更多的先进经验和做法,从而更好地应用到自己的实践中去。最后,应该建立交流学习平台,促进"土专家"之间的交流与合作。通过组织座谈会、研讨会等形式,让"土专家"分享自己的经验和成果,相互学习和借鉴。同时,也可以通过建立合作机制,让"土专家"在项目合作、技术推广等方面形成合力,共同推动现代农业的发展。

(四)加大人才引进力度

为了推动农村经济的发展,引进高层次人才是关键。政府和社会各界应该采取多种途径,吸引更多的人才到农村基层工作和服务,为农村提供智力支持和技术保障。首先,可以通过高校合作、定向培养等方式引进高层次人才。政府可以与高校建立合作关系,制定优惠政策,鼓励高校毕业生到农村基层工作。同时,还可以通过定向培养的方式,选拔优秀的高中毕业生进行重点培养,为他们提供系统的专业知识和技能培训,为农村基层输送高素质的人才。其次,可以制定更加优惠的人才引进政策,吸引更多的人才到农村基层工作。政府可以提供良好的工作环境和生活待遇,给予相应的补贴和奖励,为高层次人才提供更好的职业发展机会和空间。同时,还可以通过媒体宣传、举办人才交流会等形式,扩大高层次人才的引进渠道和影响力。此外,政府还可以通过合作项目、创业扶持等方式吸引高层次人才。政府可以与企业和民间机构合作,开展农业科技项目、文化旅游项目等,吸引更多的人才参与其中。同时,还可以通过创业扶持政策,鼓励高层次人才在农村基层创业发展,为农村经济的创新发展注入新的活力。最后,政府应该加强对高层次人才的培训和管理。通过制定科学合理的培训计划和方案,为高层次人才提供系统的专业知识和技能培训,提高他们的综合素质和能力水平。同时,还应该建立完善的管理机制,加强对高层次人才的考核和评价,确保他们能够充分发挥自己的作用和价值。

三、培养农村基层治理人才的实施步骤

（一）探索“请进来、走下去”的组织形式

针对基层人才数量多、涉及类型多、培训需求旺盛等特点，我们可以采取“请进来、走下去”相结合的培训模式，这种模式有助于更好地满足基层人才的培训需求，增强培训效果，提高培训质量。首先，组织学员来校培训是一种有效的方式。学校或培训机构可以充分利用自身的师资、教学点等资源优势，为基层人才提供专业的培训服务。通过制定个性化的培训方案，可以根据基层人才的实际情况和需求，提供有针对性的培训内容和课程。这样的培训方式可以帮助基层人才进一步转变观念，开拓视野，提升自身的能力和素质。同时，我们也可以采取“走下去”的培训方式。这种方式主要是针对贫困地区或者基层一线的干部和工作人员。通过组织专业人士或者专家学者走进贫困县区，将产业知识送到田间地头，为当地的干部和群众提供实际帮助和支持。这样的培训方式可以帮助基层人才更好地了解当地的实际情况，掌握实用的技能和知识，提高他们的工作能力和服务水平。

在实施“请进来、走下去”相结合的培训模式时，注意以下几个方面：首先，要充分了解基层人才的培训需求。在制定培训方案和课程之前，深入了解基层人才的实际情况和需求，掌握他们的短板和不足之处，从而有针对性地制定培训内容和课程。其次，要注重培训的实用性和有效性。在培训过程中，要注重理论与实践相结合，让基层人才在掌握理论知识的同时，也能掌握实用的技能和方

法。同时,要根据基层人才的实际情况和需求,不断调整和完善培训内容和课程,确保培训的有效性和实用性。最后,加强与基层一线的沟通和交流。在培训过程中,加强与基层一线的沟通和交流,了解当地的实际问题和困难,为当地提供切实可行的解决方案和建议。同时,也可以通过与基层一线的交流和合作,进一步了解基层的实际情况和需求,为基层人才培养提供更加精准和有效的服务。

(二)精心研究,精准设置培训内容

在创新农村基层人才培养模式中,培训内容的设置是至关重要的环节。为了确保培训的有效性和实用性,我们必须全面了解基层的实际需求,并在此基础上制定符合基层实际的培训课程和教材。只有这样,我们才能确保培训内容能够真正满足基层的需要,为农村基层治理和发展提供有力的人才保障。首先,了解基层的实际需求是设置精准培训内容的先决条件。我们应该通过深入的调查和研究,掌握基层人才在工作中的实际问题和需求。这包括了解他们所面临的困难、挑战以及所需的知识、技能和方法等方面。通过与基层干部和工作人员的交流和访谈,听取他们的意见和建议,从而更好地理解他们的实际需求和期望。其次,制定符合基层实际的培训课程和教材是实现精准培训内容的关键步骤。在了解了基层的实际需求后,根据这些需求来设计培训课程和教材。我们在课程设置和教材编写上注重实用性和针对性,确保培训内容与基层工作的实际情况紧密相关。同时,我们还根据基层人才的实际情况和水平,制定出符合他们需求的培训课程和教材,以确保培训内容的适用性和有效性。

此外,理论和实践相结合是增强培训针对性和实用性的重要方法。理论是指导实践的基础,而实践则是检验理论的舞台。在培训过程中,我们不能只注重理论知识的传授,还注重实践能力的培养。通过模拟实际工作场景、案例分析、角色扮演等方式,让基层人才在实际操作中掌握实用的技能和方法。同时,我们还引导基层人才对实践经验进行总结和反思,帮助他们提炼出工作中的规律和经验,进一步提高他们的理论水平和实际操作能力。最后,持续优化和更新培训内容是确保精准培训的必要措施。随着时代的发展和基层工作的变化,基层人才的需求也会随之变化。因此,定期对培训内容和课程进行评估和调整,以适应基层人才需求的变化。通过及时更新教材、调整课程设置、引入新的教学方法等措施,确保培训内容始终与基层实际需求相符合,为农村基层治理和发展提供有力的人才保障。

(三)创新教学环节和方法

随着社会的快速发展和变革,传统的基层人才培养模式逐渐暴露出一些问题和不足。传统的教学环节和方法可能已经无法满足现代基层人才培训的需求。因此,积极探索新的教学环节和方法,以提高学员的参与度和实际操作能力。首先,传统的教学环节和方法往往以教师为中心,以讲授为主要形式。这种方式在一定程度上限制了学员的主动性和参与度。在现代基层人才培训中,更加注重学员的主体地位,激发他们的学习兴趣和动力。因此,我们可以采用一些新的教学环节,如案例教学、小组讨论、互动问答等,来提高学员的参与度和积极性。其次,模拟实践是一种非常有效的基层人才培养方法。通过模拟实际工作场景,学员可以在模拟实践中掌握实用的技能和方法,提高解决实际问题的能力。例如,在农村基层治理培训中,我们可以模拟一个村庄的治理场景,让学员扮演不同的角色,参与村务决策、矛盾调解、公共服务等方面的工作。通过这种方式,学员可以更好地了解基层治理的实际问题,提高解决实际问题的能力。此外,角色扮演也是一种非常有趣和有效的教学环节。通过让学员扮演不同的角色,模拟实际工作场景中的情况,可以帮助学员更好地理解不同角色的立场和需求,提高沟通协调能力,增强团队合作意识。例如,在社区服务培训中,我们可以让学员扮演社区居民、社区干部、社会组织代表等角色,模拟解决社区服务中的实际问题。通过这种方式,学员可以更好地了解社区服务的实际需求和挑战,提高服务能力和水平。最后,为了提高学员的实际操作能力,我们还可以采用一些实践性的教学方法,如实地考察、现场教学等。通过实地考察和现场教学,学员可以更加深入地了解基层工作的实际情况和需求,掌握实用的技能和方法。例如,在农村电商培训中,我们可以组织学员参观当地的农村电商示范基地,了解农村电商的实际运作和商业模式。通过这种方式,学员可以更好地掌握农村电商的运营和管理技能,提高实际操作能力。

(四)搭建综合发展平台,打造人才成长“生态圈”

在当前的背景下,基层人才流失的问题已经成为制约基层发展的重要瓶颈。为了留住人才,不仅关注硬性环境的建设,更应当注重建立有效的激励机制。为此,搭建综合发展平台、提供人才成长的“生态圈”显得尤为重要。这不仅可以为基层人才提供更好的发展机会，还能激发他们的工作热情和创新精神，为基层的发展注入新的活力。在乡村人才振兴的过程中，综合发展平台的搭建对于吸引和留住人才起了至关重要的作用。对于那些愿意扎根基层服务的“三支一扶”、西部志愿者、选调生、大学生村官等人才，我们应当在职称评定、职级晋升等方面给予一定的政策倾斜。这些政策不仅可以提高基层人才的社会地位和待遇水平，更能让他们感受到国家和社会的关心与支持，增强他们的工作动力和归属感。除了政策倾斜，提供一系列的弹性优惠政策也是留住人才的关键措施。例如，为基层人才提供人才住房、就业入学、交通补贴等方面的支持，可以解决他们的后顾之忧，让他们能够更加安心地投身于基层工作。这些优惠政策不仅能够提高基层人才的待遇水平，还能在很大程度上解决他们的实际困难，使他们能够更好地适应基层工作环境和生活。综合发展平台的搭建不仅能够为基层人才提供更好的发展空间和机会，更能有效地激发他们的工作积极性和创新精神。在这个平台上，基层人才可以不断学习和成长，积累工作经验和技能，提升自身综合素质。同时，他们还可以与同行交流和合作，共同探索解决问题的新思路和新方法。这种良好的工作环境和机制能够让基层人才更加自信和坚定地走好自己的职业发展道路。为了更好地搭建综合发展平台、提供人才成长的“生态圈”，不断总结经验教训，完善和优化激励机制和措施。这包括深入了解基层人才的实际需求和困难，制定更加精准的政策和措施；加强监督和管理，确保政策和措施的有效实施；积极开展培训和教育活动，提高基层人才的综合素质和能力水平；加强与基层人才的沟通和交流,及时了解他们的意见和建议,不断完善和改进激励机制和措施。

(五)注重实践和反思

在基层人才培养中,实践和反思是两个不可或缺的环节。只有将两者紧密结合,才能真正提高基层人才的能力和素质,为基层的发展提供有力的人才保障。首先,实践是积累经验、提高解决问题能力的关键途径。基层工作具有复杂性和多样性的特点,只有通过实际操作,才能深入了解工作的实际情况和需求。在实践中,基层人才可以接触到各种具体的问题和挑战,学会应对和解决实际问题的技巧和方法。同时,实践还能帮助基层人才更好地理解工作的本质和规律,提高他们的工作效率和质量。然而,仅有实践是不够的。在实践中,引导基层人才进行及时的反思。反思是对实践的深入分析和总结,可以帮助基层人才发现自己在工作中的不足和问题,进一步明确改进的方向和目标。通过反思,基层人才可以不断总结经验教训,提炼出工作中的规律和技巧,进一步提高自身的能力和素质。

为了更好地促进实践和反思的结合,我们可以采取以下措施:一是加强实践环节的设计和管理。在培训过程中,我们应该注重实践环节的设置,提供实际操作的机会和平台。同时,要加强对实践环节的管理和指导,确保基层人才能够真正深入实践中,获得宝贵的经验和教训。二是引导基层人才进行及时的反思和总结。在实践结束后,我们应该组织基层人才进行交流和分享,引导他们深入分析和总结实践中的问题和经验。同时,还可以通过撰写工作日志、案例分析等方式，帮助基层人才形成反思的习惯和能力。三是提供持续的指导和支持。在基层人才培养过程中，为基层人才提供持续的指导和支持。这包括提供必要的培训和资源支持，帮助他们解决工作中遇到的问题和挑战。同时，还定期对基层人才的工作进行评估和反馈，及时发现和纠正存在的问题和不足之处。

第二节　聚焦特色品牌，发展农村基层经济

一、农产品品牌价值构成

（一）“品牌价值”的提出

品牌价值，作为市场营销和品牌管理的核心概念，指的是品牌所具有的经济价值和影响力，它体现在品牌与消费者之间建立的情感联系、信任度以及品牌的独特性上。品牌价值不仅仅是一个数字或经济指标，更是一种无形的资产，能够为企业带来长期的竞争优势和市场地位。品牌是一个名称、符号、设计或其组合，用于区分一个企业的产品或服务与其他竞争者。然而，品牌远不止于此，它还包含了消费者对产品或服务的整体感知、体验和期望。这种感知和体验是通过品牌的多个方面传达给消费者的，包括品牌的质量、价格、包装、广告、口碑等。品牌价值的核心在于品牌与消费者之间建立的情感联系。一个成功的品牌不仅仅是一个产品或服务的提供者，更是消费者情感和精神需求的满足者。当消费者对一个品牌产生深厚的情感联系时，他们更有可能成为该品牌的

忠实拥趸,长期购买该品牌的产品或服务,并向他人推荐。这种情感联系是品牌价值的重要组成部分,因为它能够为企业带来稳定的收入和市场份额。除了情感联系,品牌价值还体现在消费者对品牌的信任度上。信任是消费者与品牌之间关系的基石。当消费者信任一个品牌时,他们更有可能认为该品牌的产品或服务是高质量的、可靠的,并愿意为之付出更高的价格。这种信任度是通过品牌一贯的表现、承诺和履行能力建立起来的。一旦品牌失去了消费者的信任,其品牌价值就会大打折扣。

在竞争激烈的市场环境中,一个品牌要想脱颖而出,就必须具备与众不同的特点和优势。这些特点和优势可以是产品的创新性、设计的独特性、服务的个性化等。品牌的独特性不仅能够吸引消费者的注意,还能够提高品牌的认知度和口碑,从而提升品牌价值。而一个具有高品牌价值的企业在市场上更具竞争力,能够吸引更多的消费者和合作伙伴,获得更高的市场份额和利润。同时,品牌价值也是企业重要的无形资产,能够为企业带来长期的收益和增长潜力。因此,企业应该重视品牌价值的提升和维护,通过提供优质的产品或服务、加强与消费者的情感联系、建立和维护消费者的信任度以及塑造品牌的独特性等方式来提升品牌价值。

(二)农产品品牌价值的四个层次

1. 产品价值

农产品品牌的产品价值,是其在市场中立足、发展并获得竞争优势的核心要素。这一价值体系涵盖了品质保证、文化内涵、地域特色、技术创新以及服务体验等多个层面。一个成功的农产品品牌往往依托于优质、安全、绿色的农产品生产过程,严格遵守国家及国际标准,从源头把控产品质量,为消费者提供健康、营养且口感优良的产品,满足人们对高品质生活的追求。这种对质量的坚守和承诺,使品牌农产品能够在市场上脱颖而出,赢得消费者的信赖与忠诚。而品牌背后常常蕴含着丰富的地域文化、农耕传统甚至历史故事,通过品牌建设将这些无形的文化元素转化为有形的产品价值,提升了农产品的情感附加值,使其超越单纯的商品属性,成为一种情感寄托和文化象征。这样的品牌农产品能够引发消费者的共鸣,提升产品的心理认同感和购买意愿。

独特的地理环境、气候条件和种植方式造就了农产品独一无二的口感和营养价值,而农产品品牌则将这些地域特色凝练成品牌个性和差异化竞争优势,使得消费者一提及该品牌就能联想到特定地域的独特风味,从而增强品牌的识别度和影响力。而技术创新对于农产品品牌的产品价值亦起着关键作用。通过引进先进农业生产技术、优化加工工艺、改进包装设计等手段,农产品品牌不仅能够提高产品品质,还能不断推出符合市场需求的新产品,以创新引领消费潮流,进一步提升品牌的市场竞争力和产品价值。并且,优质的服务体验也是农产品品牌塑造产品价值的重要途径。包括售前咨询、售后保障、物流配送在内的全程服务体系,可以有效提升消费者的购物满意度,进而增加他们对品牌的依赖性和复购率。同时,通过线上线下融合的方式提供个性化、便捷化的服务,农产品品牌可实现与消费者的深度互动,进一步巩固和拓展产品价值。

2. 产地价值

农产品品牌的产地价值，是品牌构建与市场竞争中至关重要的一环，它涵盖了自然环境、地理特色、人文历史以及地方政策等多元因素所共同塑造的独特优势。产地价值的深度挖掘和有效传播，对于提升农产品品牌形象，增强市场竞争力具有不可替代的作用。优质的农产品往往离不开适宜的土壤条件、气候特点以及生态环境，这些先天的自然资源为农产品提供了无可复制的生长基础。例如，某地因其独特的地理纬度、土壤成分和温湿度条件，产出的茶叶口感醇厚、香气独特，这样的产地属性便成为该茶叶品牌的核心价值之一，使得消费者在选择时能够明确感知到产品的稀缺性和优质性。而不同地区的农耕文化、种植传统和加工技艺，赋予了农产品独一无二的风味和特性，如东北五常大米的糯香软滑、新疆哈密瓜的甘甜爽口，均与其特定的地理位置和农业传统紧密相连。产地特色使农产品品牌具备了鲜明的差异化竞争优势，有助于在众多同类产品中脱颖而出，满足消费者对原生态、纯天然及高品质生活的追求。并且，许多历史悠久的农产品品牌，其背后往往承载着丰富的历史文化故事和民间传说，如山西老陈醋的酿造工艺传承千年，不仅彰显了中华饮食文化的博大精深，也通过品牌故事提升了产品的文化底蕴和情感共鸣。这种无形的文化附加值无疑深化了消费者对品牌的认同感和忠诚度。此外，地方政府对农产品品牌的扶持政策以及对产地环境的保护力度，也在很大程度上影响着农产品品牌的产地价值。政府积极推动区域公用品牌建设，严格把控产地环境质量，确保农产品绿色安全，同时通过举办各类节庆活动、推广营销策略等方式加大对产地品牌的宣传力度，进一步提升了农产品品牌的知名度和影响力。

3. 产业价值

在农产品产业链中，各个环节都有专业化的企业或个人承担相应的工作，如育种、种植、收割、加工、销售等。这种专业化分工使得每个环节都能实现专业化、精细化的管理，提高了整个产业链的运行效率。同时，专业化分工也促进了农产品产业的技术创新和产业升级。而品牌化建设是农产品产业提升市场影响力、提升消费者认知价值的重要举措。通过建立自己的品牌，农产品可以将自身的优质、特色、安全等价值传递给消费者，提高消费者的购买意愿和忠诚度。不仅如此，品牌化建设也有助于农产品产业实现差异化竞争，避免同质化竞争带来的价格战等不利影响。

在农产品产业链的深度完善中，基于优质初级农产品的精深加工产业链发挥着至关重要的作用。这种精深加工产业链不仅延长了农产品的生命周期，还提高了农产品的附加值和市场竞争力。通过精深加工，可以将原始的农产品转化为更加多样化、高附加值的产品，满足消费者的不同需求。同时，精深加工产业链也促进了农产品产业的技术创新和产业升级，为产业的可持续发展提供了有力支撑。

4. 文化价值

每一种农产品都有其独特的生长过程、加工工艺和食用方式，这些元素共同构成了产品的文化内涵。例如，某些地区的特色农产品，其独特的口感和外观往往与当地的气候、土壤和传统文化紧密相连。这种产品文化不仅能够满足消费者的味蕾需求，更能够引发他们的文化共鸣，从而增强农产品的市场竞争力。而不同的地理环境和历史文化背景赋予了各地农产品独特的文化韵味。例如，一些名优农产品往往与其产地的风景名胜、历史传说和民俗风情等紧密相连。这种产地文化不仅为农产品增添了神秘感和浪漫色彩，更使其成为传播地域文化的重要载体。并且，农业作为国民经济的基础产业，其发展过程中形成的种植、养殖、加工、销售等产业链环节都蕴含着丰富的文化内涵。这种产业文化不仅体现了人类对自然的敬畏和感恩，更展现了人类社会文明进步的历史进程。

二、农产品品牌建设思路

（一）农产品品牌的特殊性

农产品品牌，作为连接农业生产者与消费者之间的桥梁，在现代农业市场中扮演着至关重要的角色。然而，与工业产品品牌相比，农产品品牌具有其独特的性质和特点，这些特殊性不仅体现在品牌的形成、传播和管理上，还贯穿于农产品的生产、加工、销售和消费等各个环节。农产品作为自然界的产物，其生长、发育和成熟过程深受自然环境的影响。土壤、气候、水文等自然因素直接决定了农产品的品质、口感和营养成分。因此，农产品品牌在构建过程中必须充分考虑这些因素，将其纳入品牌价值体系中，形成独特的品牌个性和卖点。这也意味着农产品品牌的传播和推广紧密结合地域文化和自然环境，通过讲述产品的地域故事、传承历史文化等方式，增强品牌的认知度和认同感。而与工业产品相比，农产品的生命周期更加复杂多变。从播种、施肥、除虫到收获、加工、销售，每一个环节都可能对农产品的品质产生影响。所以，农产品品牌更加注重全程质量控制和安全管理，确保每一个环节都符合标准和规范。同时，由于农产品的季节性、周期性等特点，农产品品牌还灵活调整市场策略，根据市场供需变化及时调整生产和销售计划。

（二）提高农产品科研水平，支持农产品品牌建设

农产品科研水平的提升与农产品品牌建设是当代农业发展中两个不可或缺的方面。它们之间的关系紧密而复杂，共同作用于农业产业的现代化、市场化和国际化进程。本书将从多个维度深入探讨如何提高农产品科研水平，以及如何有效支持农产品品牌建设，以期为我国农业的可持续发展提供有益的参考。农产品科研水平的提升，首先依赖于科技创新能力的增强。这包括农业生物技术、农业信息技术、农业机械化技术等多个领域的创新。通过运用现代生物技术手段，我们可以培育出更加优质、高产、抗病、抗逆的农作物新品种，从而提高农产品的产量和品质。同时，农业信息技术的应用，如智能农业、精准农业等，可以实现农业生产过程的精准管理和控制，提高农业生产的效率和效益。农业机械化技术的推广和应用，则可以大幅度减轻农民的劳动强度，提高农业生产的机械化、自动化水平。

（三）产品品牌借助渠道品牌实现跳跃式发展

在数字经济高速发展的当下，电商渠道已成为农产品品牌实

现跳跃式发展的重要路径。这一趋势不仅改变了传统农产品的流通模式,还为农产品品牌的建设和市场拓展提供了前所未有的机遇。电商渠道以其跨越时空、高效便捷的特点,为农产品品牌打开了一扇通向更广阔市场的大门。传统农产品流通模式受限于地域、时间和中间环节,往往难以实现快速的市场扩张。而电商渠道通过互联网平台,将农产品的生产者和消费者直接连接起来,打破了地域限制,极大扩展了农产品的销售半径。同时,电商渠道还能够提供丰富的营销手段和个性化的消费体验,帮助农产品品牌更好地吸引和留住消费者。而农产品品牌作为农产品的“身份证”和“质量保证书”,在电商环境下显得尤为重要。由于农产品具有易腐性、季节性和区域性等特点,其品牌建设难度相对较大。然而,正是这些特殊性使得农产品品牌一旦建立成功,便具有极高的市场价值和消费者忠诚度。在电商渠道中,农产品品牌可以通过精准的市场定位、独特的品牌形象和优质的产品服务,塑造出与众不同的品牌个性和价值主张,从而在激烈的市场竞争中脱颖而出。

农产品品牌与电商渠道的融合创新是实现跳跃式发展的关键。一方面,农产品品牌积极拥抱电商渠道,利用大数据、云计算等先进技术进行精准营销和智能供应链管理,提升品牌的市场响应速度和消费者满意度。另一方面,电商渠道也应针对农产品的特殊性进行定制化服务,如冷链物流、农产品溯源等,确保农产品在流通环节的品质和安全。此外,农产品品牌在借助电商渠道发展的过程中,还需注意理好线上与线下的关系,实现线上线下的有机融合和互补发展;要重视品牌形象的塑造和维护;要加强与消费者的互动和沟通,及时了解消费者的需求和反馈,不断改进和优化产品和服务。

三、农产品品牌打造策略

(一)农产品品牌推广的主要方式

随着互联网技术的发展和普及,电商平台已成为农产品品牌推广的重要阵地。通过入驻天猫、京东等主流电商平台,或者创建自有品牌网站和小程序,将优质农产品推向全国乃至全球市场。同时,借助社交媒体如微信、微博、抖音、快手等平台开展内容营销,通过直播带货、短视频展示、图文并茂的品牌故事等方式,让消费者直观了解农产品的种植环境、生产过程、营养价值和独特口感,从而提升品牌的认知度和好感度。而举办各类农产品节庆活动、农事体验活动或主题展览,让城市居民有机会亲临产地,实地感受农产品的生长环境和文化背景,增强消费者对品牌的情感连接。此外,还可以在大型商超、社区便利店设置专柜,提供试吃体验,让消费者能够近距离接触和品尝农产品,以口碑传播的方式扩大品牌影响力。

申请并通过有机食品认证、绿色食品认证、地理标志保护产品等权威认证,是农产品品牌提升品质形象的关键举措。同时,积极参与各类农业博览会、农产品大赛等活动,力争获得奖项荣誉,进一步提升品牌的行业地位和社会认可度。此外,整合资源,跨界合作也是农产品品牌推广的有效手段。例如,与知名餐饮企业、酒店集团建立合作关系,将农产品融入特色菜品中,实现品牌之间的互利共赢,或是与影视娱乐、公益活动联名合作,借势热点事件或明星效应，拓宽品牌曝光渠道，提升品牌的社会影响力。虽然数字化营销趋势明显，但报纸、电视、广播等传统媒体依然具有广泛的受众基础，特别是针对老年消费群体，传统的新闻报道、专题节目等形式仍有不可替代的传播效果。同时，积极主动地与政府部门、行业协会、研究机构等沟通交流，参与制定行业标准、发表科研成果，为农产品品牌赢得良好的业界口碑和社会声誉。

（二）新媒体时代农产品品牌传播

1. 新媒体以数字技术为代表

新媒体，作为当代信息传播的主要载体，其最显著的特征便是数字技术的广泛应用。数字技术不仅改变了信息的传播方式，更深刻地影响了人们的交流习惯、文化消费乃至社会结构。数字技术以其高效、便捷、可复制性强等特点，为新媒体的发展提供了坚实的技术基础。数字信号与传统模拟信号相比，具有更高的传输效率和稳定性，能够在极短的时间内传递大量信息。此外，数字技术的压缩与解码技术，使得信息存储与传播成本大幅降低，为信息的全球化传播创造了条件。而新媒体的表现形式多种多样，如社交媒体、网络直播、短视频、虚拟现实等，这些都是数字技术发展的直接产物。例如，社交媒体利用数字技术实现了用户之间的互动和信息共享，打破了传统媒体的单向传播模式；网络直播和短视频则通过实时传输和流媒体技术，让信息传播更加生动和直观；虚拟现实技术则为用户提供了沉浸式的体验，进一步拓展了信息传播的空间和形式。

2. 新媒体的主要特征

新媒体平台拥有强大的聚合功能，通过社交媒体、新闻客户端等载体，新媒体将各类信息资源进行整合与优化，形成了一个集新闻资讯、娱乐休闲、社交互动等功能于一体的综合服务平台，用户可以在同一平台上实现多元化的需求满足。而且，新媒体的开放性和包容性也是其鲜明特征。任何人都有可能成为内容生产者，无论专业与否，只要有创意和表达欲望，都可以通过博客、视频分享、直播等形式发表自己的观点和作品，这极大地丰富了信息源的多样性，并推动了社会文化的多元发展。并且，新媒体具有广泛的社会影响力和渗透力。依托于互联网技术，新媒体覆盖了从城市到乡村、从年轻人到老年人的庞大用户群体，打破了传统媒体在地域和年龄层面上的局限。借助便捷的分享功能，一条信息可在短时间内扩散至全社会各个角落，对舆论导向和社会价值观产生深远影响。

3. 新媒体时代的农产品区域品牌传播

为了实现农产品品牌推广效果的最大化，农产品生产经营者明确品牌的目标受众、传播渠道、传播内容等关键要素，确保品牌传播的一致性和有效性。同时，要根据不同媒体平台的特点和受众需求，制定差异化的传播策略，以实现精准传播。而在新媒体时代，内容是吸引消费者注意力的关键。农产品生产经营者深入挖掘产品的独特卖点和文化内涵，打造具有吸引力和感染力的品牌内容。同时，要注重内容的更新和优化，保持与消费者的持续互动和沟通。并且，新媒体平台提供了丰富的数据分析工具，农产品生产经营者可以通过分析消费者数据、传播效果数据等,了解消费者的需求和偏好,评估传播效果,从而制定更加精准有效的传播策略。而且,新媒体的互动性为农产品生产经营者提供了与消费者直接沟通的机会。农产品生产经营者积极回应消费者的留言、评论和反馈,解答消费者的疑问和困惑,建立良好的品牌形象和口碑。

(三)农产品品牌差异化战略

在当前农业市场竞争日趋激烈的背景下,农产品品牌差异化战略成为提升产品价值、增强市场竞争力的关键路径。农产品品牌差异化战略的核心在于通过挖掘产品的独特性,塑造与众不同的品牌形象和价值主张,以满足不同消费者群体的个性化需求。农产品的品牌差异化可以从源头——产品特性着手。例如,利用特定地域的自然条件优势,打造“地理标志产品”,如东北五常大米、新疆哈密瓜等,强调原产地的独特气候、土壤条件对农产品品质的决定性影响,形成品牌特色。同时,也可以通过对品种改良、绿色有机种植、无公害生产等方式,创造出具有健康、安全、营养等特性的高品质农产品,实现品牌的内在差异化。而品牌故事与文化内涵的构建是农产品品牌差异化的重要手段。通过挖掘农产品背后的历史传说、人文故事,或者倡导某种生活理念和价值观,赋予品牌深厚的文化底蕴,使消费者在购买产品的同时,也能感受到一种情感上的共鸣和精神上的满足,从而提升品牌的认同度和忠诚度。

创新、独特的包装设计不仅能保护产品,更能传达品牌信息,吸引消费者眼球;而精准定位目标市场,运用线上线下相结合的多元营销方式,包括社交媒体营销、内容营销、体验式营销等,都可以有效提高品牌的知名度和影响力，进一步强化品牌的市场地位。而完善的售后服务和持续的产品创新也是农产品品牌差异化战略中的重要组成部分。优质的服务可以建立良好的口碑，而不断追求产品创新，则能适应市场的快速变化，满足消费者日益增长的需求，确保品牌的持久生命力。

第三节　践行生态优先，建设美丽乡村

一、乡村振兴与生态宜居规划

（一）乡村振兴与生态宜居

乡村振兴战略旨在全面激活农村经济活力，通过产业兴旺、人才振兴、文化繁荣、生态宜居、组织有效等五个方面协同推进，提升农村整体发展水平。其中，生态宜居是其核心内涵之一，要求在推进产业发展的同时，高度重视生态环境保护和建设，坚持绿色发展，倡导绿色生产方式和生活方式，实现经济社会效益与环境效益的高度统一。例如，大力发展有机农业、循环农业和绿色农业，既能促进农民增收致富，又能保持农田土壤肥力，维护生物多样性，从而营造良好的乡村生态环境。而生态宜居是乡村振兴的重要标志和有力支撑。一个真正实现了生态宜居的乡村，不仅拥有优美的自然景观、干净整洁的生活环境，更具备完善的基础设施、高效环保的农业生产体系以及深厚的人文底蕴。这样的乡村不仅能吸引人才回流，还能催生出乡村旅游、田园综合体等多种新型业态，

进一步推动乡村产业升级和经济增长。同时，良好的生态环境也有利于提高农民的生活品质，满足人们对美好生活的向往，从而激发农民群众参与乡村振兴的积极性和创造性。

乡村振兴与生态宜居的深度融合，意味着在实践中要统筹考虑农村经济发展与生态文明建设的关系，以生态化引领乡村现代化，让乡村在追求高质量发展的同时，始终坚守绿色底线，做到“既要金山银山，又要绿水青山”。我们在制度设计、政策制定及项目实施上，始终坚持绿色发展理念，强化生态环境保护法律法规的执行力度，推动形成节约资源和保护环境的空间格局、产业结构、生产方式和生活方式。

（二）乡村振兴与改善农村人居环境

乡村振兴，旨在实现农村经济的全面繁荣、社会文明的全面进步和生态环境的全面提升。其中，经济繁荣是基础，它要求我们通过推进农业现代化、加强农村产业融合发展、拓宽农民增收渠道等措施，提高农业生产效率和经济效益，促进农村经济的持续健康发展。而社会文明进步和生态环境提升则是乡村振兴的重要保障，它们要求我们在加强农村基础设施建设、提高农民素质、保护农村生态环境等方面下功夫，为农村经济繁荣提供有力的支撑和保障。

改善农村人居环境是乡村振兴的重要组成部分，它直接关系到农民的生活质量和幸福感。在过去，由于历史原因和发展不平衡等因素，农村地区普遍存在基础设施落后、环境卫生差、公共服务不足等问题，这些问题严重制约了农村的发展和农民的生活品质。因此，改善农村人居环境已经成为当前乡村振兴的重要任务之一。在改善农村人居环境的过程中,应加强农村基础设施建设,包括道路、供水、供电、通信等方面,让农民享受到更加便捷、高效的基础设施服务。积极推进农村环境整治,加强农村生活垃圾和污水处理设施建设,提高农村环境卫生水平。加强农村公共服务体系建设,包括教育、医疗、文化、体育等方面,提升农民的社会保障水平和公共服务可及性。要注重农村生态环境保护,坚持绿色发展理念,加强农村环境保护和生态修复工作,保护农村生态环境和生物多样性。

改善农村人居环境不仅可以提升农民的生活品质和幸福感,还可以为农村经济发展提供有力的支撑和保障。关键原因在于良好的人居环境可以吸引更多的人才和企业到农村投资兴业,促进农村产业的发展和壮大;而优美的自然环境和丰富的文化资源可以成为农村旅游的重要卖点,推动农村旅游业的快速发展;并且改善农村人居环境还可以提高农民的健康水平和生活质量,进一步激发农村市场的消费潜力和活力。

二、村庄规划布局

(一)村庄规划的目的和意义

1. 指导村庄建设

村庄规划的首要目的是为村庄建设提供明确的方向和依据。在没有规划的情况下,村庄的建设可能会显得杂乱无章,导致资源的浪费和环境的破坏。而通过村庄规划,可以科学地确定村庄的发展方向、空间布局和功能定位，明确各类建筑和设施的建设标准和要求。这样，村庄的建设活动就能够有序进行，确保村庄的整体协调性和可持续发展。同时，规划还能引导村民按照统一的标准和要求进行建设，避免私自搭建、乱占乱建等现象的发生，从而维护村庄的整体风貌和形象。

2. 提升村民生活品质

村庄规划不仅关注村庄的物质环境建设，更注重提升村民的生活品质。规划通过改善村庄的居住条件、完善公共服务设施、优化村庄环境等措施，为村民创造更加舒适、便捷的生活环境。例如，规划可以合理布局住宅、道路、公园等生活空间，确保村民的居住需求得到满足；同时，规划还可以建设学校、医院、文化娱乐等公共设施，提高村民的教育、医疗和文化水平。通过这些措施的实施，村庄规划旨在让村民享受到与城市居民相当的生活品质，促进城乡一体化发展。

3. 保障村民权益

在村庄规划过程中，保障村民的权益是至关重要的。规划通过明确土地权属、保护传统文化等方式来确保村民的合法权益不受侵害。首先，规划会明确土地的权属关系，避免土地纠纷的发生，确保村民的土地使用权得到保障。其次，规划会注重保护村庄的传统文化和历史遗迹，尊重村民的风俗习惯和生活方式，避免过度开发对村庄文化的冲击。此外，规划还会鼓励村民参与到规划制定和实施的过程中来，听取他们的意见和建议，确保规划符合村民的实际需求和利益诉求。

4. 促进农村经济发展

村庄规划对于促进农村经济发展具有重要意义。规划通过优化产业布局、提高农业生产效率、发展乡村旅游等措施来推动农村经济的持续健康发展。首先，规划会根据当地的资源条件和市场需求来制定合理的产业布局方案，引导农民种植适销对路的农产品或发展特色产业来增加收入。其次，规划会注重提高农业生产效率和技术水平，推广先进的农业技术和装备来提高产量和质量。此外，规划还会积极开发乡村旅游资源，打造特色旅游品牌来吸引游客前来观光旅游消费，从而带动当地经济的快速增长。

5. 推进乡村振兴战略实施

作为乡村振兴战略的重要组成部分之一，村庄规划致力于推进乡村的全面振兴。规划通过改善农村生产生活条件、提升乡村治理水平、保护农村生态环境等措施来促进农业农村现代化进程。首先，规划会注重改善农村的生产生活条件，提高农民的生活水平和幸福指数。其次，规划会加强乡村治理体系和治理能力现代化建设，推动乡村社会和谐稳定发展。此外，规划还会注重保护农村的生态环境和资源禀赋优势，实现经济效益与生态效益的有机统一。通过这些措施的实施，村庄规划旨在推动乡村振兴战略的全面实施和取得实效。

（二）村庄规划的基本原则

1. 依法依规原则

依法依规原则在村庄规划中占据着举足轻重的地位。这一原则明确要求,在村庄规划的制定和实施过程中,必须严格遵守国家及地方相关法律法规,这是确保规划科学性、合理性和合法性的基石。首先,依法依规原则体现了法治精神在村庄规划中的贯穿。法治是社会文明进步的显著标志,也是国家治理体系和治理能力现代化的重要保障。在村庄规划领域,遵循法律法规不仅能够保障规划的合法性,更能够确保规划内容的科学合理,真正反映村民的意愿和利益。其次,这一原则有助于维护村庄规划的权威性。规划一旦制定,就应当具有相对的稳定性和权威性。只有严格依法依规进行规划,才能确保规划内容的严肃性和约束力,防止随意变更和调整,从而维护规划的权威性和有效性。最后,依法依规原则还能够促进村庄规划的公正性和公平性。在规划过程中,遵循法律法规能够确保各方利益的均衡和协调,防止因规划不公而引发的社会矛盾和冲突。通过公正公平的规划,可以更好地保障村民的合法权益,促进村庄的和谐稳定发展。

2. 以人为本原则

以人为本原则是村庄规划中的核心理念,它强调规划应始终以村民为中心,充分考虑村民的实际需求,尊重村民的意愿和习惯。这一原则体现了对人的尊重和关怀,是提升村民生活品质、确保规划人性化和实用性的关键。

在村庄规划过程中,以人为本原则要求规划者深入调研,了解村民的生活方式、生产需求和文化传统,确保规划内容与村民的实际需求紧密相连。同时,规划应尊重村民的意愿和习惯,避免强制推行不符合当地实际的模式和做法,确保规划的人性化。此外,以人为本原则还要求规划以提升村民的生活品质为目标。这不仅包括改善村民的居住条件、完善公共设施、提升环境质量等物质层面的改善，更包括丰富村民的精神文化生活、提高村民的综合素质和社会参与度等精神层面的提升。通过这些措施，规划旨在让村民享受到更加美好、便捷、有尊严的生活。

3. 因地制宜原则

因地制宜原则是村庄规划中的基础性原则，它强调规划必须紧密结合当地的实际情况，充分利用和发挥当地的自然环境、资源条件、社会经济状况和历史文化传统等优势，制定符合当地特色的规划方案。

在村庄规划过程中，因地制宜原则要求规划者深入调研当地的自然环境，包括地形地貌、气候条件、水文状况等，确保规划与自然环境的和谐共生。同时，规划者还需充分了解当地的资源条件，如土地资源、水资源、矿产资源等，合理利用这些资源，促进村庄的可持续发展。

除了自然环境和资源条件，因地制宜原则还要求规划者考虑当地的社会经济状况和历史文化传统。这包括了解当地的人口结构、产业结构、经济发展水平以及历史文化遗产等，确保规划能够反映当地的社会经济特征和文化底蕴。

4. 可持续发展原则

可持续发展原则在村庄规划中占据着至关重要的地位。它要求规划者在进行村庄规划时，必须注重生态环境保护，合理利用土地资源，并促进资源的节约和循环利用，以推动村庄经济、社会和环境的协调发展。首先,生态环境保护是可持续发展的基石。在村庄规划过程中,应充分考虑当地生态系统的脆弱性和敏感性,采取有效措施保护生物多样性,防止环境污染和生态破坏。例如,可以通过合理规划建设用地,避免对自然环境的过度开发;加强水体和土壤的保护,确保农田灌溉水源的安全;推广绿色生活方式和清洁能源使用,降低碳排放,从而维护村庄的生态环境健康。其次,合理利用土地资源是实现可持续发展的关键。土地资源是有限的,因此规划者需要科学评估土地资源的承载力和适宜性,合理安排各类用地,包括农业用地、建设用地和生态用地等。要优化土地利用结构,提高土地利用效率,同时严格控制非农用地的无序扩张,保护耕地资源,确保粮食安全和农业可持续发展。此外,促进资源节约和循环利用也是可持续发展的重要方面。在村庄规划中,应积极推广节能、节水、节材等绿色技术和产品,鼓励村民使用可再生能源,减少对传统能源的依赖。同时,要建立完善的垃圾分类和资源回收体系,推动废弃物的减量化、资源化和无害化处理,实现资源的有效循环利用。最后,推动村庄经济、社会和环境的协调发展是可持续发展原则的最终目标。规划者应通过优化产业布局、提升公共服务水平、加强社会治理等措施,促进村庄经济的繁荣和社会进步。同时,要注重环境保护与经济发展的平衡,确保经济发展不以牺牲环境为代价,实现经济效益、社会效益和环境效益的共赢。

5. 弹性规划原则

弹性规划原则在村庄规划中显得尤为关键,它充分认识到村庄发展进程中的不确定性和动态性。这种不确定性可能来源于自然环境的变化、社会经济条件的波动,或者政策法规的调整。因此,一个刻板、僵化的规划很难适应这些不断变化的外部条件。

弹性规划强调规划应具备足够的灵活性和适应性。这意味着,在面对突发事件或长期趋势变化时,规划能够迅速做出反应,调整原有的策略和措施,以适应新的环境和需求。这种灵活性不仅体现在规划的具体内容上,更体现在规划的思维方式和实施机制上。

为了实现弹性规划,规划者需要在制定规划时就预见到可能的变化和挑战,并制定相应的应对策略。这要求规划者具备前瞻性的视野和丰富的经验,能够准确把握村庄发展的趋势和脉络。

同时,弹性规划也强调规划的可持续性。在面对变化时,规划不仅要能够应对当前的挑战,还要考虑到长远的发展目标。这就要求规划在注重短期效益的同时,更要关注长期的影响和结果。

6. 保护历史文化原则

保护历史文化原则是村庄规划中不可或缺的重要方面。历史文化是一个村庄的灵魂和根基,承载着丰富的历史记忆和文化传统。在规划过程中,我们必须高度重视村庄历史文化的保护和传承,确保规划不会对这些宝贵的历史文化遗产造成破坏。

尊重村庄的传统风貌和特色是保护历史文化原则的核心要求。每个村庄都有其独特的历史背景和文化传统,这些传统风貌和特色是村庄文化的重要组成部分。在规划过程中,我们应深入调研村庄的历史文化资源,包括传统建筑、历史遗址、风俗习惯等,充分了解其价值和意义，确保规划能够尊重和保护这些文化元素。

同时，保护历史文化原则还要求我们在规划中注重历史文化的传承和发展。传承历史文化并不意味着一成不变地保留过去，而是在继承的基础上进行创新和发展。我们可以通过修缮传统建筑、举办文化活动、开发文化旅游等方式，让历史文化在现代社会中焕发新的生机和活力。

此外，应建立有效的保护机制，确保规划不会对历史文化造成破坏。这包括制定严格的保护政策和法规，加大监管和执法力度，防止不合理的开发和建设行为对历史文化造成损害。同时，加强宣传教育，提高村民对历史文化保护的认识和意识，形成全社会共同参与保护历史文化的良好氛围。

（三）乡村生态文明指导下的村庄规划布局策略

1. 分类推进乡村发展

我国农村地区广阔，村庄数量众多，每个村庄都有其独特的发展条件和优势。通过分类推进，可以根据不同村庄的特点和发展需求，科学合理地规划乡村空间布局。例如，对于资源丰富的村庄，可以重点发展特色产业和乡村旅游，打造宜居宜业的美丽乡村；对于历史文化名村，可以加强文化遗产保护和传承，发展文化旅游和创意产业；对于地理位置偏远的村庄，可以加强基础设施建设和公共服务配套，提高农民生活品质和幸福感。而随着城市化进程的加速和农业现代化的推进，农村经济发展面临着新的挑战和机遇。通过分类推进，可以引导不同村庄根据自身条件和发展阶段，选择适合的发展路径和模式。例如，对于传统农业村庄，可以推广现代农业技术和装备，提高农业生产效率和产品质量；对于工业基础较好的村庄，可以发展农产品加工业和农村新兴产业，促进产业融合和集群发展；对于具有市场优势的村庄，可以发展农村电子商务和物流产业，拓展农产品销售渠道和市场空间。

乡村文化是中华民族传统文化的重要组成部分，承载着丰富的历史信息和地域特色。在村庄规划布局过程中，应注重保护和传承乡村文化，避免千篇一律、千村一面的发展模式。通过分类推进，可以根据不同村庄的文化特色和历史背景，制定差异化的文化保护和发展策略。例如，对于具有悠久历史和独特文化的古村落，可以加强文物保护和修缮工作，恢复历史风貌和传统建筑风格；对于具有鲜明民族特色和地域特色的村庄，可以挖掘和整理民族文化资源，发展民族文化产业和旅游业。而且，乡村治理是实现乡村振兴和农村可持续发展的重要保障。在村庄规划布局过程中，应注重加强基层组织建设和民主法治建设，提高农民的自我管理和自我发展能力。通过分类推进，可以根据不同村庄的治理现状和需求，制定针对性的治理措施和方案。例如，对于治理基础较好的村庄，可以进一步完善村民自治制度和民主管理制度，提高基层组织的凝聚力和战斗力；对于治理基础薄弱的村庄，可以加强基层党建工作和社会治安综合治理工作，提升基层组织的执行力和公信力。

2. 推进城乡统一规划

推进城乡统一规划是新时代我国新型城镇化和乡村振兴战略

的重要内容,旨在打破传统的城乡二元结构,实现城乡资源要素的优化配置与共享发展,构建起和谐共生、协调发展的城乡关系。城乡统一规划的核心在于满足城乡居民日益增长的美好生活需求,保障公民的基本权益。这要求我们在规划中注重城乡公共服务设施的均衡布局,包括教育、医疗、养老、文体等领域的优质资源共享,让城乡居民都能享受到公平而有质量的社会服务。而推进城乡统一规划应秉持绿色发展理念,强调对自然资源的合理利用和生态环境的保护修复,避免城乡建设对环境造成过度开发与破坏。通过科学合理的空间布局和产业结构调整,推动城乡产业绿色转型,形成绿色生产方式和生活方式,共建美丽宜居的人居环境。要尊重各地不同的地理、历史、文化特质,在城乡统一规划中注重发掘和保护地方特色,防止千城一面的现象。同时,结合区域经济发展实际,引导各具特色的城乡产业发展,促进城乡经济多元化、差异化发展,提升城乡整体竞争力。

3. 优化乡村发展布局

优化乡村发展布局是推动乡村振兴战略实施的关键环节,旨在通过科学合理地配置和利用乡村资源,构建功能互补、特色鲜明、生态宜居的乡村空间结构,实现乡村经济社会全面协调可持续发展。优化乡村发展布局应以农业供给侧结构性改革为主线,引导乡村产业结构向多元化、高效化转变。在保障粮食安全的基础上,大力发展特色效益农业、绿色循环农业以及乡村旅游、农村电商等新产业新业态,形成“一村一品”“一镇一业”的差异化发展格局,让农民在产业振兴中获得更多实惠。还应充分考虑乡村地区的自然生态系统特征和承载能力，将生态保护红线贯穿于乡村规划布局之中，严格控制开发强度，防止过度开发与破坏生态环境。积极推动生态修复工程，提升乡村环境质量，营造人与自然和谐共生的田园风光，打造生态宜居的美好家园。

优化乡村发展布局要注重提升乡村公共服务水平，确保教育、医疗、养老、文化等基本公共服务覆盖到每一个村落，满足村民日益增长的生活需求。同时，加强乡村基础设施建设，改善交通条件，提高能源供应效率，确保乡村生活便利度和舒适度。并打破城乡二元分割，通过优化乡村发展布局，实现城乡生产要素自由流动和有效对接，推动城乡融合共享发展。鼓励城市资本、技术、人才等资源流向乡村，助力乡村产业升级和民生改善，同时也要让乡村的优质农产品和生态产品进入城市，丰富城市居民的生活。而乡村发展布局并非一成不变，而是要在实践中不断调整和完善，以适应社会经济发展的新形势、新要求。应建立完善的乡村发展规划编制、执行、评估和调整机制，确保乡村发展布局始终与国家政策导向、区域发展战略以及人民群众实际需求相吻合。

4. 改善农村人居环境

建设美丽乡村，是我们时代赋予农村的重要使命，也是满足农民对美好生活向往的必然要求。农村人居环境整治作为这一使命的具体实践，其主攻方向明确：农村垃圾治理、污水治理以及村容村貌的整体提升。这不仅关乎农村生态环境的改善，更关乎农村社会文明的进步和农民福祉的提升。而长期以来，由于农村垃圾处理设施不足、管理机制不健全等原因，垃圾围村、乱堆乱放现象普遍存在,严重影响了农村环境和农民生活。因此,我们必须建立完善的农村垃圾收运处理体系,推广垃圾分类和资源化利用,实现垃圾减量化、无害化、资源化处理。同时,加强宣传教育,增强农民的环保意识和卫生习惯,形成人人参与、共建共享的良好氛围。

农村污水主要来源于生活污水和农业生产废水。这些污水如果未经处理直接排放,将严重污染河流水体和土壤环境,影响农民身体健康和农业生产安全。因此,因地制宜地建设污水处理设施,推广生态处理技术,加大污水排放监管和治理力度。同时,引导农民科学合理使用化肥农药,减少农业面源污染,保护农村生态环境。而一个整洁、美丽、宜居的村庄环境,不仅能够提升农民的生活品质和幸福感,还能够吸引外来游客和投资,促进农村经济发展。因此,加强村庄规划布局和风貌管控,完善基础设施和公共服务设施,推动农村绿化美化和环境整治工作。并要注重保护传统村落和乡村文化特色,打造各具特色的美丽乡村风景线。此外,我们还注重科技创新和智能化手段的运用。通过引入先进的环保技术和智能化管理手段,可以提高农村人居环境整治的效率和效果。例如,利用物联网技术实现垃圾分类和资源化利用的智能化管理;利用生物处理技术实现污水的生态化处理;利用大数据和人工智能技术实现村容村貌的智能化监测和评估等。

5. 加强乡村生态保护与修复

在实施乡村生态保护与修复重大工程的过程中,我们首先关注的是重要生态系统保护制度的完善。制度是保障生态治理成效的基石,只有构建起系统完备、科学规范、运行有效的制度体系,才能确保生态保护与修复工作的持续推进。这包括建立健全生态保护红线制度，明确划定并严守生态红线，确保乡村生态安全；完善生态补偿机制，通过财政转移支付、生态项目支持等方式，对生态保护者给予合理补偿，激发其保护生态环境的积极性；加大生态环境监管和执法力度，严厉打击破坏生态环境的违法行为，维护生态治理的法治秩序。而促进乡村生产生活环境稳步改善，是实施乡村生态保护与修复重大工程的直接目标。乡村生产生活环境的好坏，直接关系到农村居民的生活质量和幸福感。因此，通过推进农业面源污染防治、加强农村生活污水和垃圾处理设施建设、推广清洁能源和绿色生产方式等措施，切实改善乡村生产生活环境。同时，还要注重提升乡村绿化美化水平，加强乡村景观建设和生态保护修复，打造宜居宜业的美丽乡村。

自然生态系统是乡村生态安全的重要屏障，也是提供生态产品的主要基地，坚持山水林田湖草沙一体化保护和系统治理的理念，加强自然生态系统各要素之间的协同治理和整体保护。通过实施退耕还林还草、水土保持、湿地保护恢复等重大生态工程，加强生物多样性保护和野生动植物保护管理，推动自然生态系统功能的逐步恢复和提升。而生态产品是满足人民群众对美好生活向往的重要方面，也是推动乡村经济绿色发展的重要支撑。因此，通过加强生态产品生产基地建设、培育生态产品品牌和市场、完善生态产品价值实现机制等措施，不断提升生态产品的供给能力和质量水平。同时，还要注重发挥生态资源的经济价值和社会价值，推动生态旅游、生态农业等绿色产业的发展，为乡村经济注入新的活力和动力。

三、乡村绿化与生态宜居乡村

(一)乡村聚落空间

1. 乡村聚落

乡村聚落的形成和发展深受当地地理地貌、气候条件以及历史文化的深刻影响,形成了各具特色的建筑风格、村落布局和生态环境。在推进乡村聚落优化的过程中,应坚持以保护为前提,遵循“最小干预”原则,充分挖掘和传承地方乡土文化和传统建筑技艺,保持和恢复乡村原有的生态格局和景观特征,让每个乡村聚落都成为独具魅力的文化名片。在满足基本居住需求的基础上,强化公共基础设施和公共服务设施的配置与更新,包括但不限于教育、医疗、养老、文体等多元化服务设施的建设,保障村民享有均等化的基本公共服务。同时,注重改善乡村人居环境,如供水、供电、排污、垃圾处理等配套设施的现代化改造,使乡村聚落不仅宜居,而且更具吸引力。而依托本地资源禀赋,引导和扶持乡村特色产业发展,构建起农业与其他产业深度融合的新型产业结构。比如,通过农旅结合,打造乡村旅游目的地;利用闲置房屋进行创意改造,发展民宿经济;推动农产品深加工,增加农产品附加值。这些举措有助于拓宽农民增收渠道,吸引更多人返乡创业就业,从而焕发乡村聚落新的生命力。加强农村基层组织建设和村民自治,增强村民参与乡村治理的积极性和主动性,共同维护好乡村聚落的生活秩序和公共利益。同时,引入现代信息技术手段,提升乡村治理效能，营造文明、和谐、宜居的乡村社区氛围。

2. 乡村聚落景观概述

乡村聚落景观，作为中华大地自然与文化交融的产物，承载着深厚的历史底蕴和丰富的地域特色。它不仅是农村地区居民生活与生产的场所，更是展现乡村自然风光、人文风情和社会变迁的重要载体。在快速城市化的今天，乡村聚落景观以其独特的魅力，成为人们向往自然、追寻乡愁的精神家园。乡村聚落景观的形成与发展，受到自然环境、经济条件和社会文化等多重因素的影响。其中，自然环境是基础。不同的地形地貌、气候条件和水文特征，塑造了各具特色的乡村聚落景观。例如，江南水乡的乡村聚落，依水而建，形成了独特的"小桥流水人家"的风貌；而黄土高原的乡村，则依山就势，窑洞等建筑形式体现了对自然的尊重与适应。而随着农业生产技术的进步和市场经济的发展，乡村聚落的经济结构和生活方式发生了深刻变化。这种变化在景观上表现为新建筑的出现、传统建筑的改造以及公共空间的重构等。同时，经济条件的改善也促进了乡村基础设施的完善，提升了乡村聚落景观的整体品质。而且，乡村聚落不仅是物质空间的集合，更是社会文化的容器。乡村的风俗习惯、节庆活动、民间信仰等，都在乡村聚落景观中留下了深刻的烙印。这些非物质文化遗产的传承与发展，是乡村聚落景观持续焕发生命力的关键。

乡村聚落景观的构成要素丰富多样，包括自然要素和人工要素两大类。自然要素如山水、林木、田野等，构成了乡村聚落景观的底色；人工要素如建筑、道路、桥梁等，则是乡村聚落景观的点睛之笔。这些要素相互交织、和谐共生,共同构成了乡村聚落景观的独特韵味。在乡村聚落景观中,建筑是最具代表性的元素之一。乡村建筑的形式、材料和色彩等,都深刻地反映了地域文化和时代特征。例如,福建土楼的厚重与神秘、安徽徽派建筑的清雅与灵秀、北京四合院的规整与大气等,都是乡村建筑文化的瑰宝。同时,乡村建筑还承载着农村居民的生活记忆和情感寄托,是乡村聚落景观中不可或缺的一部分。而道路和桥梁也是乡村聚落景观的重要组成部分。它们不仅承担着连接空间的功能,更是乡村聚落景观的骨架和脉络。乡村道路蜿蜒曲折、桥梁古朴典雅,与周围的自然环境相得益彰,共同营造出一种宁静而诗意的乡村氛围。此外,乡村聚落景观还包括了公共空间、绿化植被、水系等诸多要素。这些要素在乡村聚落景观中发挥着各自的作用,共同塑造出乡村聚落景观的整体形象和特色。

3. 乡村聚落景观规划

乡村聚落景观规划应注重提升村民生活质量,满足居民对美好生活的向往。为此,需合理配置公共服务设施,如学校、医疗、休闲绿地等,同时结合产业发展需求,规划适宜的生产空间和活动场所,实现生活、生产、生态"三生"空间的和谐统一。此外,关注无障碍环境建设,营造舒适便捷的生活环境,让乡村聚落成为人们向往的理想栖居地。而在乡村聚落景观规划中,应积极引入绿色低碳、智慧科技等前沿理念和技术手段,推动乡村绿色发展和现代化转型。例如,推广使用清洁能源,实施雨水收集利用系统,建设智慧农业示范区,以及运用大数据、云计算等技术进行精细化管理,使乡村聚落在保持传统韵味的同时，展现出与时俱进的时代魅力。

4. 乡村聚落景观规划要点

在规划过程中，需全面考量乡村聚落所处的地理、气候、生态系统等自然条件，确保规划方案与自然环境相协调，避免对原有生态系统造成破坏。通过科学合理的空间布局和设计手法，强化绿色基础设施建设，例如保护与恢复农田、湿地、林地等重要生态资源，构建完善的生物多样性网络，还要积极推广绿色能源使用和雨水收集利用系统，从而形成人与自然和谐共生的生态景观格局。而乡村聚落景观规划应注重挖掘和提炼本地的历史脉络、民俗传统和非物质文化遗产，并将这些元素巧妙融入村落的设计之中。通过修复和保护古建筑、重塑村落肌理、设置文化展示节点等方式，既彰显了乡村独特的人文气息，又增强了乡村的文化吸引力和凝聚力。此外，乡村聚落景观规划应紧密结合当地的产业基础和发展方向，规划适宜的生产空间和活动场所，如农业观光、乡村旅游、特色农产品加工等项目，促进一、二、三产业融合发展，拓宽农民增收渠道，激活乡村经济活力，使乡村聚落变得美丽的同时，也具备强大的内生动力。另外，积极引入智慧农业、数字乡村等新兴技术手段，实现乡村聚落的智能化管理和服务。例如，利用大数据、云计算等技术进行精细化管理和决策支持，提高乡村治理效能；借助物联网技术改进农业生产方式，实现精准农业和高效节水灌溉；利用 VR/AR 等虚拟现实技术，创新乡村文化旅游体验模式。

（二）生态宜居乡村

1. 生态宜居乡村的建设

生态宜居乡村的建设，是我国实施乡村振兴战略的重要内容和目标之一，旨在通过科学规划、绿色发展、文化传承、民生改善等一系列举措，将乡村地区建设成为生态环境优美、文化底蕴深厚、生活设施完善、产业发展和谐的高品质人居环境。这一过程不仅关乎乡村自然环境的优化与保护，也关乎乡村社会经济结构的调整与升级，更关乎乡村居民生活质量的提高与幸福感的增强。要遵循绿色发展理念，尊重自然规律，对乡村自然资源进行全面梳理和评估，制定严格的生态保护红线，切实保护好森林、水源地、农田等重要生态资源。同时，推进乡村环境综合整治，包括水体治理、土壤修复、垃圾处理和污染防控等工作，构建完善的乡村生态系统，营造干净整洁、美丽宜人的生活环境。在充分考虑当地地理特征、气候条件、历史文化的基础上，进行科学合理的空间布局和景观设计，既要保留并强化乡村原有的自然风貌和乡土特色，又要注重公共基础设施的建设和改造，如道路、给排水、电力通信、绿化休闲等公共服务设施，使其既能满足村民现代生活需求，又能体现乡村田园风光和地域文化魅力。鼓励农业转型升级，推广绿色种植养殖模式，引导农户发展有机农业、循环农业和高效节水农业；同时，依托乡村独特资源，大力发展乡村旅游、生态农业观光、田园综合体等新业态，实现一、二、三产业融合发展，既带动乡村经济发展，又让乡村生态环境得到可持续利用。

积极挖掘和传承乡村优秀传统文化，保护历史文化遗产，加强农村公共文化服务体系建设，丰富农民精神文化生活。同时，推动乡村自治与法治相结合，健全基层社会治理机制，增强农民参与乡村事务的积极性，形成共建共享、和谐有序的乡村社区氛围。让广大农民在绿水青山中享受美好生活的同时，为我国生态文明建设和乡村振兴战略实施奠定坚实基础。

2. 公共绿化建设

乡村公共绿化建设作为乡村景观格局形成的重要因素，对于提升乡村生态环境、美化乡村风貌、促进乡村可持续发展具有重要意义。乡村公共绿化不仅涵盖了居家建筑外围的广泛区域，还包括了多种类型的绿地空间，这些空间共同构成了乡村独特的生态系统和景观特色。在乡村公共绿化建设中，宅旁绿地是不可或缺的一部分。这些绿地通常位于农村居民住宅的周围，是农村居民日常生活和休闲活动的重要场所。宅旁绿地的建设不仅可以美化乡村环境，还可以为农村居民提供清新的空气和宜人的生活环境。同时，宅旁绿地也是乡村生态系统的重要组成部分，对于维护乡村生态平衡、保护生物多样性具有重要作用。而乡村道路作为连接乡村内部和外部的重要通道，其绿化建设不仅可以提升乡村的整体形象，还可以为行人和车辆提供舒适、安全的通行环境。在道路绿化中，应注重选择适应当地气候和土壤条件的植物种类，合理配置乔灌草等植物群落，形成具有乡村特色的道路绿化景观。而且，河流、滩涂湿地等水域空间的绿化也是乡村公共绿化建设的重要内容，这些水域空间不仅承载着乡村的水资源和生态功能，还是乡村景观的重要组成部分,通过在水域空间周边种植水生植物、建设生态护坡等措施,可以有效提升水域空间的生态功能和景观效果,为乡村居民提供优美的滨水休闲空间。

基本耕地范围以外的荒地、废弃地等闲置土地的绿化利用也是乡村公共绿化建设的重要方面。这些闲置土地通常缺乏有效的利用和管理,容易成为乡村环境的卫生死角和安全隐患。通过绿化利用这些闲置土地,不仅可以改善乡村环境,还可以为乡村居民提供新的休闲和活动场所。在绿化利用过程中,应注重选择适应性强、生态效益好的植物种类,采用科学合理的种植方式和管理措施,确保绿化效果的长久性和可持续性。另外,村庄外围的空地、林地等自然空间的保护和利用也是乡村公共绿化建设的重要任务。这些自然空间是乡村生态系统的重要组成部分,对于维护乡村生态平衡、保护生物多样性具有重要作用。同时,这些自然空间也是乡村景观的重要背景和底色,对于提升乡村整体风貌和景观效果具有重要意义。因此,在乡村公共绿化建设中,应注重对这些自然空间的保护和利用,通过科学合理地规划和管理措施,实现自然空间与人工环境的和谐共生。不仅如此,村内休闲广场、校园、医院等公共单位的绿化也是乡村公共绿化建设的重要方面。这些公共单位是乡村居民日常生活和社交活动的重要场所,其绿化建设不仅可以提升乡村居民的生活品质和幸福感,还可以为乡村居民提供健康、舒适的活动环境。在公共单位绿化中,应注重选择具有观赏性和实用性的植物种类,合理配置绿化空间和设施,形成具有乡村特色的公共单位绿化景观。

参 考 文 献

[1]谭洁. “党建+”推进农村基层现代化治理:现实困境、先进经验及破解对策——基于广东基层实践的调查研究［J］. 特区经济, 2023(12): 43-46.

[2]齐琦,霍红梅,刘铮. 基层组织对农村环境治理的影响:参与逻辑、作用机制与实践路径［J］. 农业经济, 2023(12): 60-61.

[3]代燚. 农村基层党建引领乡村振兴问题研究［J］. 智慧农业导刊, 20233 (23): 188-191.

[4]石金群. 乡村振兴背景下引导青年参与农村基层治理的路径分析［J］. 中州学刊, 2023(11): 69-76.

[5]黄毓毅. 习近平法治思想引领农村基层社会治理现代化——以农村土地征收问题为例［J］. 领导科学论坛, 2022(12): 68-71.

[6]向玉玲. 以体系化监督治理农村基层乱象［J］. 中国纪检监察, 2023(22): 53-54.

[7]傅坤. 乡村振兴视域下农村基层治理法治化问题研究［J］. 实事求是, 2023(06): 75-80.

[8]李新宇. 农村基层党组织形式主义的表现形式、形成原因及解决对策［J］. 新东方, 2023(05): 34-39.

[9]李俊斌,王敏. 乡村治理视域下农村基层党组织振兴问题论析[J]. 社科纵横, 2023,38 (05): 121-128.

[10]李明辉,高静雅,秦桂芬. “五位一体”协同:嵌入合作社的农村社会治理 [J]. 合作经济与科技, 2023(24): 165-167.

[11]陈六金,杨晓慧. 农村基层党组织“一肩挑”干部领导力提升策略研究 [J]. 中国农业文摘——农业工程, 2023, 35 (05): 48-52.

[12]欧阳佳杰,刘长城. 乡村振兴背景下农村基层党组织建设探赜 [J]. 智慧农业导刊, 2023, 3 (17): 78-81.

[13]赵磊. 乡村振兴视阈下河南农村基层治理新模式及经验启示[J]. 河南农业, 2023(21): 48-49+52.

[14]李亚情. “五社联动”助推农村基层社会治理能力提高 [J]. 南方农机, 2023, 54 (15): 134-137.

[15]李颖. 乡村振兴背景下农村基层治理机制创新研究——以 B 市 M 乡为例 [J]. 农村经济与科技, 2023, 34 (13): 141-144.

[16]马志飞. 乡村振兴战略背景下农村基层治理人才资源开发研究 [J]. 河南农业, 2023(18): 41-42.

[17]许娇. 提升农村基层干部治理能力的实现路径 [J]. 农村·农业·农民(B 版), 2023(06): 19-21.

[18]满康乐. 城乡融合视角下新型农村社区治理问题与对策[J]. 农村·农业·农民(B 版), 2023(06): 25-27.

[19]何泽新. 夯实农村基层基础 凝聚乡村治理合力 [J]. 农村经营管理, 2023(06): 31-32.

[20]孔祥智,谢东东. 新时代中国乡村治理的实践特征和理论创新 [J]. 社会科学战线, 2023(06): 87-94.
[21]许静. 社会工作嵌入农村基层社会治理的实践路径研究 [J]. 西部学刊, 2023(10): 50-53.
[22]方亚丽. 农村基层治理与新型职业农民思想政治教育协同推进探析 [J]. 农村·农业·农民(B版), 2023(04): 22-24.
[23]冯华. 整体性治理视角下农村社区"三治协同"体系创新与绩效优化 [J]. 农业经济, 2023(04): 56-58.
[24]高蒙蒙. 乡村治理现代化视域下农村基层党组织引领力提升路径探究 [J]. 农村经济与科技, 2023, 34 (04): 154-157.
[25]程照晴,吴丹,汪振,等. 基于组织化农户视角的农村基层协同治理效能感研究 [J]. 乡村科技, 2023, 14 (04): 5-10.
[26]刘渊. 农村基层党组织治理能力建设:内蕴、困境与路向 [J]. 探索, 2023(01): 102-112.
[27]贺雪峰. 基层治理合规化与制度成本 [J]. 理论月刊, 2023(01): 111-117.
[28]王嫣然. 政权建设视角下农村基层治理问题探究 [J]. 农村经济与科技, 2022, 33 (24): 107-110.
[29]马翠兰. 推进农村基层治理现代化的路径探析 [J]. 村委主任, 2022(12): 29-31+34.
[30]马橘红,张莎莎,李建彬. 乡村振兴视阈下基层农村治理的现实困境及对策 [J]. 农家参谋, 2022(23): 19-21.